女子プロ野球クライシス

創設者、10年目の告白

角谷 建耀知

現代書林

女子プロ野球クライシス

創設者、10年目の告白

プロローグ

２０１９年11月５日、午後４時ごろ。

私は社内の会議室でいつものように来客の対応をしていました。

そこに秘書が血相を変えて飛び込んできました。彼女の手には１枚の紙。

「社長！　どうしましょう、どうしましょう……」

「ちょっと、お客様がいるのにどうしたの！　申し訳ありません、少し外しますね」

彼女に連れられて会議室をでました。何事かと彼女の顔を見ると、血の気が引いて青白くなっていました。

「その紙がどうかしたの？　見せてみて」

私は秘書から紙を受け取り、目を落としました。

文藝春秋
株式会社わかさ生活　代表取締役　角谷建耀知　様
《質問状》
拝啓　時下、益々ご清栄のこととお慶び申し上げます。
小誌『週刊文春』では、女子プロ野球選手の大量退団に関する取材を進めております。その過程で、貴社に事実関係を確認させていただきたいことがございます。つきましては、以下の質問5点について、お答えを頂戴したく、ご連絡させていただいた次第です。

【質問事項】
問1．11月1日に、日本女子プロ野球機構に属する4球団において、指導者を含む計41人が退団の意思を表明しました。この大量退団に至る経緯を教えてください。

問2．日本女子プロ野球機構に属する4球団は、選手をはじめとして、監督、コーチなどが角谷社長の意を受けたわかさ生活の担当者からメールなどで突然チームの移籍を指示される体制だったと取材を通じて得ております。こちらは事実でしょうか、お聞かせください。

問3．GPB45や美女9総選挙、制服撮影会のように、選手をアイドル扱いすることで選手たちの練習時間を奪っていたことについてご見解をお聞かせください。また選手たちは、こうしたアイドル扱いについて不満を抱いていたと小誌の取材で得ていますが、角谷様はそれをご存知のうえで選手たちにアイドル活動を強いていたのでしょうか。お聞かせください。

問4．女子プロ野球をサポートするため、株式会社エイジェックが支援の声を上げたにも関わらず、角谷様はそれにお断りを申し入れたと小誌の取材で得ております。なぜお断りになったのか、ご見解をお聞かせください。

またその後、今年の8月に日本女子プロ野球機構が赤字続きのため、他企業の参加を求める声明を発表されました。お断りを入れたにも関わらず、協力を求めるに至った経緯を教えてください。

問5．角谷様は9月に発売されたスポーツ紙に「選手の推定年俸が200万円」だと書かれたことに対して「誰が言っているんだ！　俺はこんなにだしているのに！　そんなことを言うなら本当にそうするぞ！」と激怒されたと小誌の取材で得ております。こちらは事実でしょうか、お聞かせください。

質問内容をご確認のうえ、11月5日（火）の午後5時までにご回答いただきたく存じます。お忙しい中とは思いますが、記事の公平性を期すため、ご回答よろしくお願いいたします。

以上

最初の感想は、「字が小さくて読みにくい」でした。

私は18歳のころ脳腫瘍と診断され、17時間におよぶ手術の末に命はとりとめましたが、右目の視力を失ってしまいました。

普段から資料などを読むのに人の3、4倍の時間がかかってしまうため、社内の資料はなるべく文字を大きくしてもらっているほどです。

そんなこともあり、なかなか文字が読めなかったので、私の横でソワソワしている秘書にも手伝ってもらいながら、なんとか全てを読み終えました。時計を見ると針は午後4時30分を指していました。

「えぇと……とりあえず、松浪くんにも伝えて」

直前まで取引先との商談、社内の組織に関する会議などをしていたこともあり、「私が携わっている女子プロ野球に関する質問状が届いた」

ということは理解しましたが、手紙の真意はこのときはわかりませんでした。

ありがたいことに、取材の依頼は定期的に受けており、女子プロ野球選手へのテレビや雑誌の出演依頼もあります。

今回もそれに似たようなものなのかな、程度に思っていました。とはいえ、回答期限はこの時点ですでにギリギリです。奇妙な違和感はあったのですが、とにかくお客様をお待たせしていることが気がかりだったので、ひとまず私は社内で最も信頼できる松浪宏二くんに対応を任せることにして、会議室に戻りました。

その後の商談の内容は、あまり覚えていません。

商談相手には申し訳ないのですが、時間が経つにつれ、違和感がどんどん増してくるのです。自分が自分でないような、自分を俯瞰して見ている別の自分がいるような、変な感覚がありました。

商談が終わり、相手をお見送りし、いろいろな通知で画面が埋まっている携帯電話に目を落とすと、時刻は午後5時38分でした。

松浪くんが対応してくれたおかげもあり、その日はすんなり家に帰ることになりましたが、まだ違和感はぬぐえません。なぜ、あんな質問をされたのか。なぜ、関係者しか知り得ない内容も書かれていたのか。

その夜は1時間ほどしか眠れませんでした。

翌日も朝から予定がびっしり埋まっており、5分も休みが取れない状態でした。

そんなところに、また秘書が泣きそうな顔をしてやってきたのです。

「社長……」

昨日よりもさらに真っ青な顔で差しだされた紙には、派手派手しい色づかいで、彼女に頼らなくても読めるくらいに大きな文字で、こんな風に書かれていました。

《36人退団　あだ名は〝首領さま〟スポンサー社長が支配女子プロ野球選手を悩ませた「女子高生制服撮影会」》

全てのことが、私だけを置いて走りだしているように感じました。

ここではじめて昨日の質問状が女子プロ野球、ではなく、私自身に宛てられたものだということを理解しました。

内臓がズルッと抜け、ボトッと地面に落ちたような音が聞こえた気がしました。

世界が徐々に希薄になっていくような感覚がありました。

しばらく呆然としていましたが、横にいた秘書が「大丈夫ですか……」と声をかけてくれたので、我にかえることができました。

まだ状況はよくわかりませんが、私も30年以上企業経営をしている経営者の端くれです。その日もまだ会議や商談の予定がぎっしり詰まっています。それらをすっぽかすことなどできません。

経営のことや商品のこと、社員のこと、お客様のことを、しっかりと考えている脳はあるのですが、その日だけはそれら全てが薄ぼんやりとした膜の向こう側にあるように感じました。

そして、翌日。

２０１９年11月7日。

『週刊文春２０１９年11月14日号』が発売されました。

記事を見て多くの人が連絡をくれました。古くからの友人、女子プロ野球設立に携わった人たち、女子プロ野球を応援してくれている人たち、私を信じてついてきてくれた社員。いろんな人が私を励まし、私のために泣いてくれました。そんな彼らの姿を見て、徐々に現状を理解し、自分自身にも大きなダメージがあったことを理解しました。

そして、同時にいろいろな記憶が脳裏を駆け抜けていきました。

幼いころは貧乏で、脳の怪我により右目が見えなくなり、野球ができない身体になった私が憧れた高校野球の輝き。野球に救われた日々。

２００７年に、はじめて女子高校生たちが白球を追いかける「女子硬式野球」を見たときの感動。

２００９年に女子プロ野球を設立してからの、10年間のさまざまな記憶。

毎年赤字になってしまい、周囲から、ときには社員から怒られても、撤退することなく続けてきた理由と夢。

気づいたときには筆を執っていました。

この本は、決して美談にはならないでしょう。数多くの失敗と、野球を愛する女の子、その家族、応援してくれる人々の多くの汗や涙、喜びや怒りが入り交じった、泥臭いものになるかもしれません。

今回の報道によって、私の中で２００７年からはじまった「女子硬式野球」に関するさまざまな記憶と想いを振り返ることができたので、その意味では感謝しています。

私の夢は、

「青春を野球に懸けた女の子たちに、甲子園大会で試合をさせてあげたい」

「野球を愛する女の子たちに、野球で生活できる環境をつくってあげたい」

「NPB（プロ野球）でプレーできる女子野球選手を育てたい」

というものです。そのために、女子プロ野球をつくりました。

それを誰かが叶えてくれるのであれば、本望です。

もし、未来において、それを叶えてくれる人が現れたときには私の数多くの失敗や、小さな成功を糧にしてもらえればと思い、覚えている限りの全てをお伝えしたいと思います。

いつか女の子たちの夢が叶いますように。願いを込めて。

角谷建耀知

女子プロ野球クライシス　創設者、10年目の告白◎目次

第一章

女子野球との出会い

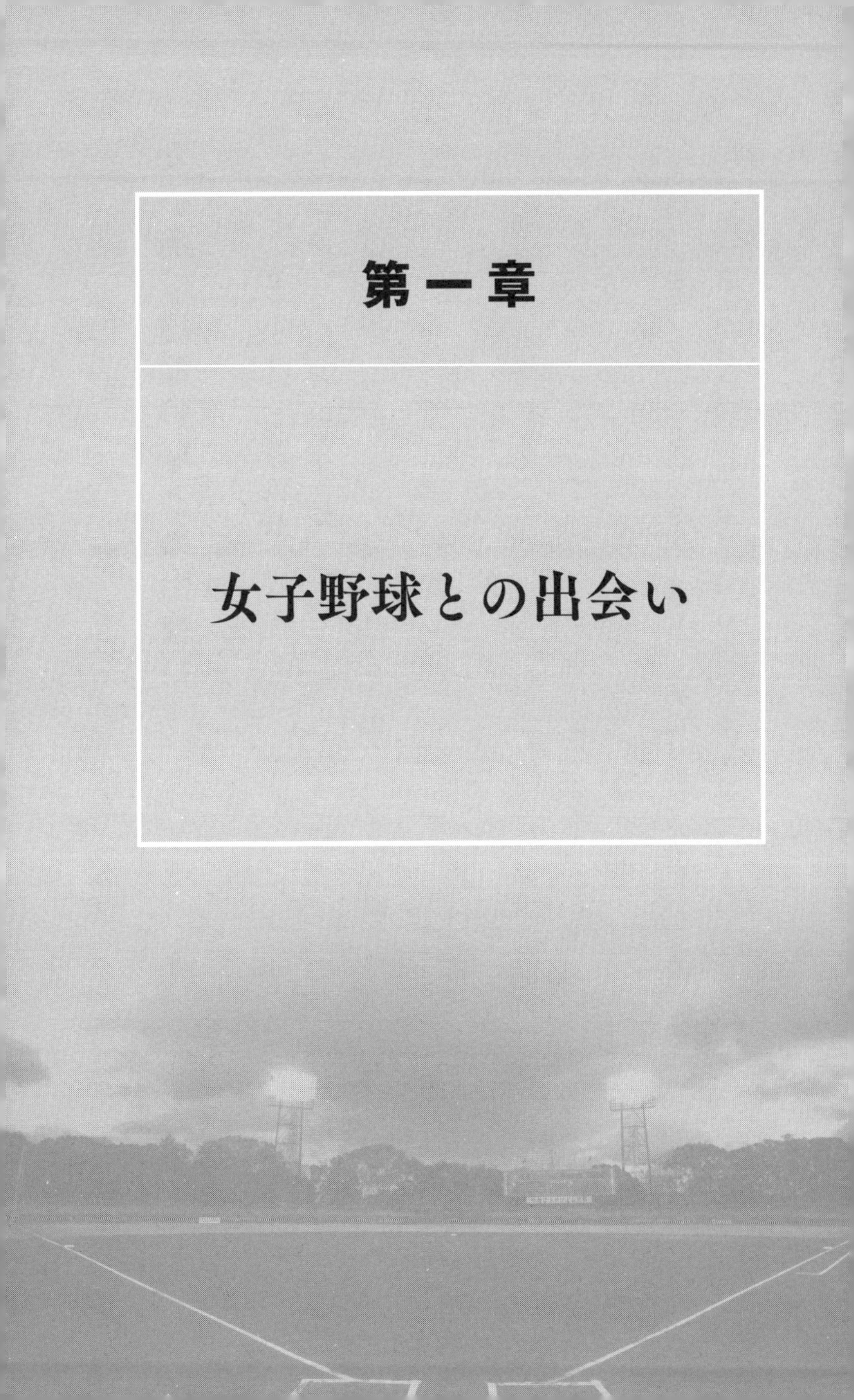

女子高校硬式野球との出会い

２００７年８月。兵庫県丹波市。
私は祖母の墓参りに行っていました。
周囲には山しかありませんが、思い出が詰まった、大切な故郷です。

両親は私が幼いころに離婚をして、二人とも姿を消しました。
残された８歳の私と４歳の妹を引き取ってくれたのは、年金生活の祖母でした。
絵に描いたような貧乏生活でしたが、祖母は私たちを心から愛してくれました。
祖母との思い出は、今でも私の胸に強く残っています。
私は毎年、そのころの思い出を慈しむために墓前に立っています。
その日も、当時の記憶に浸りながら祖母の墓を磨いていました。
すると、どこからか、

『三回の表、神村学園の攻撃……』

というアナウンスとともにワー、ワー、と大きな歓声が響いてきました。

「野球の大会……？　こんな田舎で？」

野球が、中でも高校野球が大好きな私は、その音を聴いていても立ってもいられなくなりました。

近くにいた顔馴染みの老夫婦に、

「あれはなんですか？」

と聞いたところ、

「野球好きのあんたが知らんかったとはびっくりやな。何年も前から春と夏に、すぐそこの運動公園で女の子の高校野球の全国大会をやっとるんよ。ここから車で10分からんで。観てきぃや」

と教えてくれました。

女子高校野球の全国大会、そんなものが存在していたのか、と驚きました。

周りの人から「角谷さんは高校野球博士ですよね」と言われることもある私ですが、

全く知りませんでした。

「博士の名折れだな」などと考えながら老夫婦にお礼を言い、車に乗り込み球場に向かいました。


山ばかりの町の中にポツンとある「スポーツピアいちじま野球場」に到着すると、

《第11回全国高等学校　女子硬式野球選手権大会》

という立て看板が目に入りました。私は、

(少年野球くらいのレベルかな？　女の子だし、もっと下かな？)

くらいの気持ちでスタンドに入り、驚きました。

しなやかな投球、スイングの鋭さ、男子以上に滑らかな内野守備、送球、鮮やかなクロスプレー。これが女の子のプレー？　ウソだろ？　と思いました。

目に映る全てが衝撃的でした。

いや、さっき一回うまくいっただけで、まぐれではないだろうか。

そう思った私の横で、観戦していたおじさんたちが歓声を上げました。

「やっぱ菜摘ちゃんはうまいな！　日本代表に選ばれただけのことはある！」

「神村学園の中野、厚ヶ瀬も天才やからなぁ」

「宮原も球が速いで。こっちもさすがの日本代表や」

違和感のある言葉に、私は思わず聞いてしまいました。

「あ、あの……日本代表って、何の日本代表なんですか？」

おじさんはきょとんとした顔で、

「何って……女子硬式野球のワールドカップやがな。2年に1回、女子硬式野球の世界一を決める国際大会や。去年が2回目やってんけど、日本は銀メダルとったんや。その大会に、あの子、中野菜摘と宮原臣佳が選ばれたんやで……あっ！　中野がまた打った‼」

と、また試合に熱中しはじめました。

私はとにかく驚きを通り越し、試合が終わっても席を立てないほど呆気にとられました。

話をしてくれたおじさんに、

「きっとこの子たちなら、大学に入っても活躍するんでしょうね……」

とポツリと伝えると、さっきまで意気揚々と話をしていたおじさんの顔が急に暗くなりました。そして、どこか諦めたように微笑んだのです。

私がそのおじさんの表情の意味を知ったのは、その後のことでした。

野球が好きな女子たちの儚い青春

全試合が終わり、日が暮れかかったグラウンドの片隅で、選手たちは汗と砂塵で汚れた顔を隠すように土まみれのユニフォームの袖で涙をぬぐっていました。

さっきまでの男子顔負けの勇敢さで硬球を追いかけていた姿はどこにもなく、普通の女子高生に戻ったように泣きじゃくる彼女たち。

どこか様子がおかしい。勝者も敗者も、みんな一様に大泣きしているのです。

「負けて悔しかったのか……。勝って嬉しかったのか……」

そう呟いた私の肩に、おじさんが手を置きました。

「あの子らの野球人生は、この試合でおしまいや」

「えっ。でも、大学とか、社会人野球はないんですか」

「ないない。そもそも、女の子が高校まで野球続けることが相当しんどいねん。リトルリーグには結構野球やっとる女の子も多いねんけど、中高になると硬いし危ない、男子に混ざるのも危ない、風紀的によくないと言われる」

「そんな……」

「それにな。女の子だけでは野球できる人数が集まらん。集まっても、グラウンドは男子が先に使う。どんなに野球が好きでも、野球ができひんなんねん。せやから、ソフトボールに行ったり、テニスに行ったり、別のスポーツはじめよんねん。それが普通やねん」

「そうだったんですね……」

「普通知らんわな……。やけどここにおるあの子らは、それでも野球がしたくてしたくて、どうしようもなくて、全国にたった5校しかない〝女子硬式野球部〟がある埼玉、東京、鹿児島に野球留学した子たちや。オシャレも恋もなんも後回しにして、16

歳で見知らぬ土地に行ってまで、野球がしたかった子たちや」

「知りませんでした……」

「でも、これで本当にもう最後。終わりやねん。あの子らにとっては、野球が終わってしまうねん。この丹波で、人生最後の試合をして、おしまいや」

この言葉は私に大きな衝撃を与えました。

ここにいる人たちは、選手も監督も保護者も、みんなそのことがわかっているのです。これで最後だとわかっているからこそ、本気で、必死で、プレーをしたり応援をしたりしているのです。それを思うと胸が強く痛みました。

「それだけ好きなのに、ずっとは続けられないんですか……」

「女の子が野球をするってことは、あんたが思うより厳しいもんなんや」

おじさんの言葉を聞いて、いくつかの記憶が蘇りました。祖母と過ごした貧乏な日々。脳に大怪我を負いスポーツができなくなった中学生時代。脳腫瘍が発覚し、せっかく合格した大学にも、1日も行けなかったこと。手術の傷跡が激しかった私の顔を、異物を見るような目で見られた社会人時代……。

自分の力では、どうしようもないことがある。

その絶望感を私は知っていました。

「どうにか……どうにかならないもんですかね……」

自然と口から漏れていました。

彼女たちのために、何かできないか。

そう考えはじめたら、もう止められませんでした。メラメラと、腹の底から熱い気持ちが湧き上がるのを感じたのです。

地元で大会が開かれていたこと、それが祖母のお墓参りの日だったこと、全てがご縁だと感じました。

「アンタ、どないしたんや？」

おじさんは不思議そうにこちらを見ていました。

人生が変わった瞬間

私は、人から「少し異常ですよ」と言われるくらい、高校野球が大好きです。

高校野球に何度となく人生を救われてきたからです。

人より少し、苦難が多かった私の人生ですが、それらを乗り越えられたのは、間違いなく高校野球のおかげです。

両親が離婚して姿を消した後、祖母は1人分の年金で私と妹を育ててくれました。

貧しいながらも幸せな生活をしていましたが、10歳のある日、私の人生を大きく変える事件が起こりました。

川で自転車遊びをしていたとき、私は2〜3メートルの高さから転落し、顔面を岩に打ちつけて大怪我をしたのです。

すぐに病院に運ばれたそうですが、1週間意識は戻りませんでした。

診断によると「くも膜下内出血」で、頭の血管が切れ脳の中まで血が溢れていたそうです。

幸い命はとりとめたものの、以降、たまに頭を割るような痛みに襲われるようになりました。

怪我の後遺症でそれまで通りスポーツができなくなってしまった私は、みんなが夢中になっていた野球もできなかったので、いつも土に棒で絵を描いたりテレビでアニメを見たり、マンガを読む日々を過ごしていました。

そんな私が「高校野球」と出会ったのは中学1年生の夏休みでした。

ある日、たまたま友達の家に遊びに行ってスイカを食べていると、テレビで第56回全国高等学校野球選手権大会の開会式が中継されていました。いわゆる「甲子園大会」です。テレビに熱中していた友達が、

「ケンちゃんはどの学校を応援するの？」

と聞いてきましたが、そんなことを聞かれてもさっぱりわかりませんでした。

その日はなんとなくテレビを眺めていただけですが、あまりに楽しそうに中継を見る友達とお父さんを見てからというもの、高校野球のテレビをつけてみたり、『ドカ

ベン』などの野球マンガを読むようになり、自然と野球のルールを覚えていきました。

そんな日々を過ごす中、1人の選手の存在に私は強く心を掴まれていました。

東海大相模高校、当時16歳の原辰徳選手です。

1年生なのにレギュラーで出場していたのです。

「3つしか歳が違わないのに、このお兄ちゃんはスゴい。しかもカッコイイ」

素直に原選手に興味を持ちはじめたのです。

この大会で原選手がいる東海大相模高校が延長15回の壮絶な試合の末負けてしまったとき、私は涙を流していました。

13歳の夏、高校野球が持つ輝きに、完全に心を奪われてしまったのです。

貧乏と後遺症と野球

実はこのころ、身体のハンデを隠し祖母にも内緒で野球部に入っていました。

怪我の後遺症からか、頻繁な頭痛と、右目の右端に「見えないゾーン」が出現しはじめました。それでも怪我をごまかしながら部活を続けていましたが、中学2年の夏、ついに異変が起きてしまいました。

「ぐぐう……!!　頭が割れる!!」

今まで味わったことのないような激しい頭痛が私を襲ったのです。

すぐに病院に運ばれましたが、当時の医療技術では原因がわからず、ただ痛み止めを投与されながらの入院生活がはじまりました。

入院期間は7ヶ月にもおよび、ようやく退院したころには、私は中学3年生になっていました。

当然、そのような身体で野球などできるはずもなく、そのまま退部しました。

しかし、そんな状況にあっても、私の高校野球好きはとどまるどころか高まっていく一方でした。退院の3ヶ月後には夏の甲子園大会を全部見てやろうと思い、大阪の親戚の家に2週間居候をさせてもらい、13日間で合計40試合をこの目で完全観戦したのです。最高に楽しかったことを覚えています。本当に貴重な体験でした。

そして私は「甲子園大会に出場できる高校に行きたい」という夢を持ちました。

野球ができる身体ではないのに、野球の強い高校を志望したのです。

貧乏生活で普通の高校にすら行けなかった私でしたが、新聞奨学生制度を使って家から片道約30キロ、自転車で2時間の場所にある福知山商業高校（現・福知山成美）に入学しました。当時、地方大会で「あと一歩で甲子園出場」というところまで勝ち進んだ地元の強豪校です。夜明け前に朝刊を配達し、2時間かけて学校に通う生活がはじまりました。

そしてなんと、入学後、私は懲りずにまた野球部に入ったのです。

どんな形であれ野球のそばにいたい、という気持ちで入部したのですが、またしても長く続けられませんでした。

奨学金制度を使ってもなお、生活にお金が足りなかったのです。

どうしても部活動をしながらお金を工面することができなかったので、結局、野球部は数ヶ月で退部しました。そして、新聞配達のほかに中華料理店、町工場でもアルバイトをして自分の学費、妹の学費、家族の生活費を稼ぐ生活でした。

それでも毎年、甲子園大会だけは見逃すことはありませんでした。

いろいろな背景、家庭環境を持つ同世代の高校球児たちに刺激を受け、

「俺も負けるもんか」

と思い、辛い身体にムチをうって早朝の新聞配達にでかけるのでした。

高校3年生の進路指導。高校野球から刺激を受け学業も頑張った甲斐があって成績がよかった私は、先生から京都に本社がある大企業への就職を勧められました。

私も、祖母と妹との生活のため、その会社に行こうと思っていました。

一方で、高校野球が大好き、いや、人生そのものと考えていた私には、もう一つ夢がありました。

それは、学校の先生になり、いつの日か野球部の監督になるということ。

ただ、教員になるには大学へ行かなくてはなりません。金銭的に大学進学は困難でしたし、高齢の祖母を丹波の田舎に残して、都会の大学へ進むことはとても心配でした。

こんなときでも「高校野球」を判断の基準にしてしまっていいのだろうか、いや、でも……私は悩みに悩んでいました。

そんな私を見かねたのか、担任の先生が、

「大学に行きたいのなら新聞社の奨学制度がある。大学卒業後に働いて返済しなければいけないが、君の行きたい道に進める制度かもしれないよ」

そう言って、パンフレットを渡してくれました。

私は目がまん丸になるくらい驚きました。

「いつもやっている新聞配達で大学にも行ける⁉」

そのパンフレットはすぐに付箋とメモだらけになり、ボロボロになるまで読みました。

決断は簡単ではありませんでした。祖母を大切にしたい気持ちと私自身の夢の狭間で、悩んで悩み抜いた末に、私は祖母に、大学へ行きたい気持ちを打ち明けました。

すると祖母は辛そうに言いました。

「おばあちゃん、力ないよってに、あんたに何もしてあげられへんことをいつもすまないと思ってる……」

そして、こう続けたのです。

「ケンイチ、お前の人生や。おばあちゃんのことはかまへんから好きな道を進みなはれ！　その方が、おばあちゃんには嬉しいよって……」

涙が止まりませんでした。

祖母が背中を押してくれたおかげで、私は大学進学を決意することができました。同時に、都会の大学で勉強をしながら働き、一日も早く祖母を迎えに行く。そして、一度も行ったことのない温泉や旅行に連れて行く。そう心に決めました。

志望校は1校、東海大学です。

理由は単純明快。

憧れの人、原辰徳選手が在学していたからです。

人生を懸けたチャンス。

それすらも、私の判断基準は「高校野球」に関するものでした。

塾にも行ったことがない私にとって、ハードルは高かったと思いますが、無事合格できました。合格通知が来たときは家中を転がって喜びました。通知を見た祖母が自分のことのように喜んでくれた姿は、今でもはっきりと覚えています。

光と闇

1980年3月。

入学手続きのため神奈川県の東海大学に行く日がやってきました。大学の事務室で手続きを終えると、私は真っ先に硬式野球部のグラウンドに向かいました。

目的はもちろん、原辰徳選手です。

グラウンドに到着すると、バックネットの周囲に多くの人がいました。

女性ファンの声援も聞こえました。

練習用の白いユニフォームの群れの中でも、原選手がどこにいるのかすぐにわかりました。明らかにオーラが違うのです。

憧れの原選手が目の前にいる！

これから何度も見ることができる！

私は、これからの大学生活に夢が膨らみました。

しかし、そう思ったのも束の間。

大学のグラウンドで原選手を見た次の日、私は昔入院していた兵庫県の神戸大学医学部附属病院で、脳の定期検査を受けることになっていました。入院していたときにはなかった最新鋭のＭＲＩで、脳の検査をするためです。

その結果、

「脳に腫瘍が見つかりました。緊急手術が必要です」

数時間前まで抱いていた夢は、その一言で音を立てて崩れ落ちました。

１９８０年4月20日。

17時間にもおよぶ脳の大手術を受けました。

全身麻酔から目を覚ましたとき、私は右目の視力をほぼ失っていました。

視界が半分になり、右半身の感覚は鈍り、まっすぐ歩くことができず、何にもないところで転んでしまいます。

「これじゃ自転車に乗れないから新聞配達ができない……大学も諦めなきゃいけない……入学金や授業料で借りたお金をどうやって返せばいいんだ……」

左目は見えているはずなのに、目の前は真っ暗です。

思いつめた私は、ある日の真夜中、置き手紙を残して病院の屋上に行き、柵を乗り越えました。

死ぬつもりでした。

最後にぼうっと夜空の星を見つめていると、置き手紙を見つけた看護師や医師が駆けつけてきました。

「ケンイチくん、落ち着け！　死んでどうなると言うんだ！」

ふっと、張り詰めていた気持ちがはじけました。

「生きとってもどうにもならんわ‼　きれいごとばっかり言うな‼」

私は生まれてはじめて、人前で辛い気持ちをぶちまけました。

泣いて、泣いて、泣きまくりました。

何時間にもおよぶ説得を受け、私はようやく思いとどまることができました。

その後も入院生活は続きました。苦しい闘病生活を終え、退院するころには、外ではセミが鳴きはじめていました。

高校野球を見るようになってから、私が唯一、記憶にない大会が1980年の第52回春のセンバツです。病院にいたため、観戦どころではありませんでした。

右目が見えない恐怖と戦いながら丹波の家に帰ると、そこに祖母はいませんでした。妹に話を聞くと、なんと私の手術と同じころに祖母は直腸癌で倒れて手術を受けており、現在は伯母が引き取って面倒を見ていると言うのです。

大きなショックを受けましたが、生活費と妹の学費を払うため、私は働かなければなりません。長期入院で衰えた体力と、相変わらず続く頭痛に苦しみながら、仕事を探すことにしました。面接で30社以上に断られ、やっと臨時で配送会社に雇ってもらえましたが、私の顔は脳の開頭手術後で浮腫《むく》み、髪も生えず頭に大きな傷もあったので、お客様から「あの店員、キモチ悪い」と苦情が入り、即日解雇されました。まるで自分が人間扱いをされていないようで、ショックだったのを覚えています。

その帰り道、どこをどう歩いていたのかわかりません。

「生きていたらいいことがある」と励まされ、一度は立ち直りましたが、結果は散々です。祖母は倒れ、妹のためにも私が働かないといけないのに、自分ではどうすることもできない部分で社会から否定される日々……。

「やっぱり死のう……死んだ方がましや」

私は柵を乗り越え、鉄道の線路にでました。

まもなく後方から、ものすごい汽笛が聴こえてきました。

〝パ〜〜〜〜！！！〟

私はギュッと目を閉じました。

…………

気がつけば線路の横に転んでいました。とっさに避けたのでしょう。

私には生きる勇気も、死ぬ勇気もなかったのです。

絶望した私は、いったん丹波を離れることにしました。その後、神戸市灘区の家賃8000円程度のボロアパートに住みながら、仕事を探すことにしました。

生きる理由

相変わらず仕事は見つかりませんし、貯金も、全くありません。

その日も仕事は見つからず、神戸の水道筋商店街をとぼとぼと歩いていました。

電器店のテレビに高校野球中継が映しだされていました。

（……あ、忘れてた。もうこんな時期だったんだ）

自然と立ち止まり、時間を忘れて、ぼーっとテレビを見ていました。

（今年も箕島がでてるんだ。天理、東北、習志野、高松商、浜松商……へぇ～、センバツは高知商が優勝したんだ。知らなかったなぁ）

のちに「大ちゃんフィーバー」と社会現象となる1年生投手・早稲田実業の荒木大輔選手が登板していました。

高校野球を見ている間は、全てを忘れられました。

それから数日間、お金がないので食事もとれず、ボロアパートで寝て、起きて、電器店のテレビで甲子園を観る、という生活をしていました。
甲子園を観ることだけが、生きる理由でした。
しかし、何か、前年までの気持ちで観戦ができない自分がいました。
（なぜだろう……）
そう考えていたら、
「すごい1年生だなぁ。まだ16歳だろ」
という言葉が聞こえてきました。
ハッとしました。
決勝戦のこの日は8月22日。
前日が私の誕生日で、もう19歳になっていたのです。
身体に稲妻が駆け抜けました。
テレビの向こうで命を燃やしているのは、全員が年下の高校球児。
私は、ボロアパートから電器店に来て、ぼーっとテレビを見ているだけ。
心の奥底から、

「こんなことをしている場合じゃない！」
という焦りに似た気持ちと同時に、なぜか、
「甲子園球児に負けたくない……！」
という情熱が湧き上がってきました。
私はまともに野球をしたことはありません。
甲子園球児にライバル心を燃やすのはおかしい、と自分でも思います。
でも、なぜか、心に浮かんできた言葉でした。
おそらくこのあたりが、「少し異常だ」と言われる部分なのでしょう。
それほどに私は、高校野球が好きなのです。
私はすぐに電器店の前を離れ、書店に向かいました。
求人雑誌を立ち読みし、何社か電話をして会社訪問をしました。
10社、20社と断られて30社目。
断られてもいいから、自分の過去と現状を全て話そうと心に決めました。
すると面接官に、

「いいよ。うちで働くか？　寮もあるよ」

と言われて本当に驚きました。

数日前まで死にたい、死にたい、と思っていた私が。

顔が浮腫み、髪も生え揃っていない私が。

右目が見えない私が。

たった数日、甲子園中継を観ただけで活力が湧き、職を手に入れることができたのです。

生きる情熱を、取り戻していたのです。

高校野球が、私を生かしてくれたのです。

お礼を言って帰ろうとすると、面接官から、

「ただ、接客中は帽子をとりなさい」

と言われました。

当時私は、大きな頭の傷を隠すために帽子を目深に被っていました。他人に指を指される恐怖からです。

でも、面接官はもしかしたら、

「ありのままの自分でいなさい」

と言ってくれていたのかもしれません。

もう逃げない、甲子園で活躍している年下の高校球児に負けていられない――。

「俺も、頑張るぞ」

そう強く、強く、心に刻み、その日から帽子を被らなくなりました。


社会人になり、経営者となった今でも辛いことがあったときは高校野球に助けてもらっています。時間を忘れていろいろ調べたり、活躍のニュースを見たりしているうちに、

「さぁ、頑張るか！」

と前向きな気持ちになります。

高校球児たちのひたむきな姿勢や、正々堂々と闘う闘志は、いつでも私に生きる活力を与えてくれるのです。

女子硬式野球に出会った日も、甲子園ではじめて試合を観戦したときと同じように興奮しました。

だから私は思ったのです。

「この子たちの将来の手助けがしたい」

「私を救ってくれた高校野球に、恩返しがしたい」

「青春を野球に捧げた女子球児たちに、甲子園という夢を見させてあげたい」

と。

希望の１校

２００７年夏に女子硬式野球の試合を見てからまもなく。私のもとに不思議なご縁が舞い込んできました。

私の母校である、福知山成美高校から、

「学園再生のお願いをしたい。理事長になってくれないか」

という打診があったのです。

名前を貸してくれるだけでもいい、とも言われましたが、私は母校に恩を感じていたので、学園側がよければ無報酬で構わないし、実際の活動や金銭的支援をしたい、と伝えたところ学園側は「是非」ということだったので、2009年1月から正式に理事長となりました。

そして、学園再生の一環として、私は迷わず女子硬式野球部設立を提案しました。全国大会が開かれる丹波市の隣町にある学校が、女子硬式野球人口増加の足がかりになるのであれば、こんなに素晴らしいことはない。そう思ったからです。全国に5つしかない高校女子硬式野球部を、この学園からもっともっと増やしていこう、と考えました。

結果から言うと、福知山成美高校に女子硬式野球部を設立することはできました。しかし、その道のりは楽なものではありませんでした。

教育委員会、教員、保護者、その他もろもろ、いろいろな人物や団体と折衝をしていきましたが、反対の声ばかりだったのです。

　ましてや私はもともと門外漢。教壇に立ったことすらありません。学校側からすれば、よそから急にやってきた理事長が「女子硬式野球部を創設するから協力してほしい」と言っている。気分がよくない人もいたでしょう。

　それでも私は日々の仕事の隙間を縫い、睡眠時間を削り、土日もなく、私財を投じ、あちこち走り回っていました。

　誰に期待されているわけでもなく、誰に依頼されているわけでもありません。全くどうなるかもわからないまま、とにかく行動し続けていました。

　そんな姿を評価してくれたのかどうかはわかりませんが、少しずつ、協力してくれる人が増えていきました。

　苦労した甲斐があって、その年のうちに「福知山成美高校　女子硬式野球部」が正式に発足しました。

　最初の部員はたったの2人。併設の福知山女子高の子たちを加えて、4人でのスタートでした。

グラウンド整備、ダッシュ、キャッチボール。シンプルで退屈な運動ばかりなのに、みんなは楽しそうに、嬉しそうに練習をしていました。

「なんでそこまで嬉しそうに練習するの？」

と聞いたところ、

「だって、春夏甲子園に4回も出場した男子野球部と同じユニフォームやもん！　それだけで感激です！」

と、まっすぐな瞳で彼女たちは答えました。この子たちのためにも、私が頑張らねば、と気持ちが引き締まりました。

実はそのころ、女子硬式野球部設立の「営業活動」は難航していました。どの学校も珍しがって話は聞いてくれるものの、いざ「設立」となるとみんな同じような反応を示しました。

「校庭が狭いですからねぇ。どうしても男子野球部が優先になるかと……」

「硬球は危ないのでは？　女子たちが怪我をしたらどうするんですか？」

「前例がないから難しいですね」

帰り際に「頑張ってくださいね」とか「応援しています」と言われるのがとても苦痛でした。応援しているなら女子硬式野球部をつくってくれ、と心の中で叫ぶこともしばしばありました。

女子硬式野球部設立の提案をし続けていると、中には私の想いに共感し、行動してくれる人もいました。しかし、それでもなかなか実現しませんでした。いろいろと理由はありましたが、いつも最終的には、

「あまりにも将来性がない」

と、異口同音に言われるのです。

仮に高校で野球をしたところで、就職に有利になるわけでもない。女の子は草野球をする場所もない。クラブチームもほとんどない。人生を懸けて野球を頑張る女子選手はいても、大人たちが、環境が、それを終わらせてしまう。

また、「人生を懸けて野球をやりたい」と思う女の子がそもそもいない。だから競技人口も少ない。だから部もできない……。

どんなに女子硬式野球部を増やしても、結局、2007年に丹波で見た女子選手たちの涙をなくしてあげることができないのです。

はじめて女の子が野球をする姿を見た日からすでに考えはありましたが、現実を自分の目で見据え、気持ちが固まりました。


――「女子プロ野球リーグをつくる」――

最初の一歩

2008年4月2日。

私はまた「スポーツピアいちじま」に来ていました。

第9回全国高等学校女子硬式野球選抜大会を観るためです。

隣には、広告代理店の営業マン、片桐諭さんの姿がありました。見た目がいかつくコワモテな彼ですが、とても情に厚い人間です。

信頼できる仕事のパートナーでもありましたが、彼は熱心な阪神ファンであり一緒にプロ野球を観に行くこともある仲でした。

「いやぁ……ビックリしたなぁ。女の子がこんなにうまいなんて」

最初は「興味がない」と言っていた片桐さんでしたが、試合を観ると私同様に驚いていました。

「なんか男子と違って、いい意味で和気藹々《あいあい》としていますね。〝野球ってこんなに楽しかったんだ！〟って、こっちまで楽しくなってくる」

決勝戦を観終わるころには、すっかりノリノリでした。しかし情に厚いタイプである彼は、試合が終わって号泣する女の子たちを見て涙ぐんでいました。

「今日はこれから社に戻るの？」

「いえ、直帰です」

「じゃ、食事でも行かないかい？　実は今日、片桐さんを誘ったのには理由があるんだ」

京都駅前にあるレストランに行き、食事をしながら、彼に単刀直入に伝えました。

「女子プロ野球リーグをつくりたい。片桐さんに手伝ってほしい」

「え、ええ……!? じょ、女子プロ野球!?」

彼は話についてこられない様子でした。

「片桐さんも見ただろう。おしゃれ心の芽生える年ごろの女子高校生たちが、青春を懸けて白球を追いかける姿を。弾けるような笑顔と、試合後の涙を」

私はこの一年で知ったこと、考えたことなど、想いの全てを伝えました。

「プロ球団があれば、あの子たちの〝夢〟のお手伝いができるんだよ! 野球を続ける希望になれる! 女子硬式野球を援助してあげたい」

片桐さんはどんどんヒートアップする私の話を制するように言いました。

「で、でも角谷さん、少し落ち着いてください! 男子のプロ野球でも一部の人気球団以外は結構運営が大変なんですよ。しかも、女子硬式野球なんて一般に認知すらされていない……確実に赤字ですよ。お気持ちはわかりますが、援助というものは危険を冒してまですることではないと、僕は思います」

「言葉が悪かった。〝援助〟じゃない……僕にとって〝恩返し〟の一つなんだ……」

私は、自分にとっての〝恩返し〟の意味を片桐さんに伝えました。

子どものころの怪我が原因で、学校の体育の授業も受けられなかったこと。

大学の入学式の直後に脳腫瘍の手術を受け、それによって右目の視力を失い、つかれが限度を超えると頭痛とともに痙攣の発作を起こすようになってしまったこと。

商売の関係者に裏切られたこと。阪神・淡路大震災で被災者になったこと。そして、そういうときはいつも誰かが助けてくれたこと。野球が助けてくれたこと。仕事で夢が見つかったとき、それが本当に自分を支えてくれると気づいたこと。

「だから、今度は自分が社会に恩返しする番なんだ」

全てを告白すると、片桐さんは目に涙を浮かべ、

「わかりました！　その夢のお手伝い、させてください！」

周囲の目を気にせず、大きな声で答えてくれました。

それから片桐さんは、女子プロ野球設立のために身を粉にして働いてくれました。

社長業、学校の理事長業、女子硬式野球部設立と、手が回らなかった私に代わって

国内のあらゆる団体に挨拶して回り、球場の日程調整、野球用具、ユニフォーム、広告やプロモーションなどのあらゆる手配を進めるとともに、多くの企業に協賛、協力を募ってくれました。

しかし、片桐さんが言う通り利益が見込めない事業である女子プロ野球に対して、周囲の反応は相当冷たいという話はいつも耳にしていました。

「女子硬式野球？　なぜそんな先のないことをしたいの？」

「角谷って人、あっちこっちに支援したり金だしたりしてるでしょ？」

「あんなのと一緒に事業したら、あんたもエライ目にあうよ」

「大赤字になるのが間違いないのに、手伝うわけないでしょ」

周囲の反応に、片桐さんはときに涙を流しながら反論してくれました。後々それを聞いて、口にはださなかったけれど、私は心底嬉しく思いました。

信じていいんでしょうか

私も経営者の縁を使っていろいろな人に会って、話をしていました。ところが、会う人会う人、賛同してくれないどころか、批判や反対意見ばかりを言ってくるのです。さすがの私も、八方ふさがりを感じていましたが、片桐さんのおかげで前を向くことができました。

そんなとき、福知山成美高校女子野球部の長野監督から「会ってほしい人がいる」という連絡がありました。

その人は、当時ワールドカップを制した女子硬式野球日本代表の投手です。

とにかく会ってみたいと思い二つ返事で了承しました。

はじめて彼女と会ったときのことは鮮明に覚えています。

堂々としていて、誠実そうな印象を受けました。

「私は短大を卒業して、スポーツクラブやベースボールスクールでインストラクターのアルバイトをしながら、大阪のチームに所属して硬式野球をしています」

いろいろと話をする中で、何気なく彼女がそう言いました。世界一のピッチャーが、アルバイトをしながらでなければ、野球ができていないという現実を知り、正直、私は驚きました。

「……野球は、趣味になるんでしょうか」

「……そうですね。世間的に言うと趣味でしょう」

「ソフトボールであれば、有利な就職があったのでは？」

「ソフトボールももちろん好きですが、野球以上の情熱は感じられませんでした」

彼女は、小学生の終わりごろから硬式野球をはじめたものの、中学に上がるとき「女子だから」という理由で受け入れてもらえませんでした。

彼女の周りには、女子が野球をする環境がなかったのです。

「やっぱり、環境は大きいですよね。今は、晴れた日には河川敷で、雨の日は高架下で練習していると聞きましたが、グラウンドを借りたりはできないんですか？」

「チームのメンバーのほとんどがアルバイトで生活しているので、試合以外にグラウンドを借りる余裕はないんですよ。でも、野球がしたくて自分から望んだ生活なので、河川敷でも、高架下でも、場所があるだけありがたいと思っています」

彼女は欠片も後悔や辛さを感じさせない、凜とした声で答えます。

「そこまで苦労して野球を続ける理由ってなんですか？」

「好きだから。それだけだと思います」

即答でした。

本気なんだな、と感じました。

「……、失礼ですけど、今の生活は何年くらいになるんでしょうか？」

「5年です。野球への情熱を捨てきれずにいたのですが、今年限りかな、と思っていたんです……」

そこまで、すらすらと答えていた彼女が、少し言い淀みました。

「あの、女子プロ野球リーグをつくりたいって伺ったんですけど」

そして、一呼吸置いた後、彼女はまっすぐ私の顔を見て、言いました。

「『女子プロ野球』なんて、信じていいんでしょうか⁉」

あのときの彼女の純粋で、情熱に燃えた目を、私は今でもはっきり覚えています。

彼女との面談を終え、私は女子プロ野球設立への決意を新たにしました。


数日後、その日は休日出勤であったため仕事を早めに切り上げることにしました。

夕日が差し込むガランとしたオフィスをでようとしたとき、ふと彼女のことを思いだしました。

「今日は晴れてるから河川敷で練習しているのかなぁ」

気がつくと、私の足は河川敷に向いていました。

休日の河川敷は学生のサークル活動や近隣住民のレクリエーション、家族の憩いの場として賑わっていました。

その隅っこで、数人の仲間と野球の練習をしている彼女を見つけました。

「おお、やってるやってる」

遠くから眺めていると、ノックをしていても地面の整備がされていないので、石ころやでこぼこの土によってイレギュラーバウンドのオンパレードでした。

野球をするには最悪な条件だな、と思ったのですが、みんな心底楽しそうに、泥まみれになりながら躍動していました。

彼女は雑草が生い茂る場所で、草でほとんど見えなくなったミットをめがけて投球練習していました。

そんな姿を見て、私はすっかり感極まってしまいました。青春時代に燻ぶらせていた情熱の炎を、精一杯燃やそうとしているように見えたのです。

自分で勝手に応援しようと決めたくせに、ちょっと周囲から冷たい反応をされたくらいで、自信をなくしかけていた。

もともと、自分ひとりでやると決めたことです。

今さらあちらこちらに協力者を募っても仕方ない。

などと考えていたとき、

「おっちゃん、大丈夫?」

と、河川敷そばの土手に座っていた私に、小学生くらいの子どもが話しかけてきました。

「どこか痛いん?」

「え……? いや別に……」

「じゃあ、どうして泣いてるん?」

自分でも気づきませんでしたが、私は泣いていたようです。

小学生に茶化されながら、もう迷わないぞ、と心に誓いました。

社員たちの協力

翌日、社員の前で女子プロ野球設立の話をしました。

私が高校野球好きであることはほとんどの社員が知っていましたが、まさかの話に社員のみんなは、最初呆然としていました。

「女子硬式野球の、プロ?」

多くの社員の頭の上に「?」マークが浮かんでいるのが見えました。

しかし、当然のことだと思いました。

少し前の私が聞いても、同じ反応をしたと思います。

それから、私はまたあの日のことを順番に、丁寧に、伝えていきました。

「社長がまた変なことをしようとしている」

「以前、盲導犬の育成に数千万円？　数億円？　寄付してましたよね？」

「ま、新しいこと好きは社長のクセだから」

などという言葉も聞こえ、反対されるかも、とも思いましたが、

「でも、面白いですね！　やりましょう！」

「夢の応援をするなんて、わかさ生活らしいじゃないですか！」

と、多くの仲間が支持してくれました。

経理担当の社員や数人の社員は諦めた様子で「またか……」と険しい顔をしていましたが、彼らにはたまにすごく怒られるので、それで許してほしい、と思いました。

「わかさ生活らしい」と言ってくれる社員がいたことで、私は自信が持てました。

わかさ生活という会社はもともと、お金儲けのためではなく、一人でも多くの人の健康の役に立ちたいと思って立ち上げた会社です。昔も今も、その考えは変わってい

ません。

そうはいっても社員の中には、複雑な気持ちの人もいたでしょう。おそらく多大なコストがかかるし、ちょっとやそっとでは事業としての成功は見込めないことは誰にでもわかるからです。それでも私は、なすべきことだと判断したことは、とにかく実行するという性分であり、それにいくら使ったかは重要ではないと思っています。

もちろん全員に「そうであるべきだ」と言うつもりはありません。お金をしっかりと管理する人が必要なのは明白ですし、彼らがいなければ私の会社はとっくに潰れていたかもしれません。

それでも、私はみんなで協力すれば、女の子たちが野球で食べていける未来は実現できると思っています。

批判とまでは言いませんが、社員の不安や不満の声はありました。しかし、社員はきちんとそれぞれの正義のために仕事をしてくれています。女子硬式野球なんてどうでもいいと思っている社員は一人もいません。守らなくてはならないものが増えたため、簡単に決断ができないだけなのです。

そんな彼らに、まずは女子野球選手のことを知ってもらおう、ということで、２０08年12月には女子選手対社員チームで親善試合をしてみることにしました。

わかさ生活の社員の中には、肩の故障で引退したもののＭＡＸ１５４km／hの球速でプロ野球で数年間活躍した元ピッチャーなどがおり、レベルの高い社員チームだったのですが、互角の試合となりました。社員は女子選手のレベルの高さと、野球に懸ける情熱を感じ、彼女たちを応援する気持ちが高まっていきました。

そんな風に、徐々にではありますが社員全員で女子硬式野球を応援しようという気運が高まりました。

理解者を募る

社員からの理解と並行して、もっと理解者、協力者が必要だと考えた私は、片桐さんと一緒に女子硬式野球チームがある5校のほか、有志のクラブチーム、草野球の女子硬式野球チームなど、北海道から沖縄まで、調べられる限り、行ける限りのチームや団体を2週間かけて回りきりました。

挨拶はメールや手紙、電話で済ませることもできたかもしれませんが、私は対面にこだわりました。きっちりと筋を通して堂々と女子プロ野球を運営したい、という私たちの誠意を伝えるためでした。

反応はさまざまでしたが、予想よりも温度が低かった印象でした。

「まあ、頑張ってみてください」

「応援はしてますけどねえ」

「歌とか踊りとか、アイドルっぽいことを入れるといいんじゃないですかね！」

みんな、当事者であるはずなのに「女子プロ野球リーグ設立」ということを他人事のように捉えていました。もっと喜んでもらえると思ったので、少し残念でした。

しかし「仕方のないことかもしれないな」とも感じました。染みついた「諦め」の気持ちや、選手たちが夢を持って全力で野球をする環境がそもそもなかったことがそうさせたのかも、と思ったのです。

仕事においてもそうですが、前例のないことや新しいアイデアというものは多くの人から反対され、いくら説明しても心からわかってもらうことは難しいものです。

もちろん、中には

「絶対入団テストを受けに行きます」

「大きな球場でみんなと野球をするのが、夢だったんです。頑張ってください」

「たくさん練習して、絶対プロになります！　待っててください！」

と言ってくれる人たちもいました。

彼女たちの目は期待と夢に溢れ、キラキラと輝いているように見えました。このような言葉には本当に勇気と元気を貰えました。

彼女たちの一言ひとことが、私にとって、

——今やろうとしていることは、絶対に無意味ではない。

そう確信させてくれる、希望の光でした。

球界のレジェンド

女子野球をもっと応援してもらうためには、男子野球界にも理解者がいてくれる必要があると私は考えていました。

そこで、是非とも応援をお願いしたい、と思ったのが太田幸司さんです。

太田さんは1969年、夏の甲子園大会の決勝戦で、伝説と言われている「延長18回再試合」という名勝負を繰り広げた選手で、その端正な顔立ちから「元祖甲子園のアイドル」とも呼ばれた人です。近鉄バファローズで12年、読売ジャイアンツ、阪神タイガースで1年ずつ、計14年間プロ野球でも活躍し、引退後は関西を中心に解説者やスポーツキャスターとして活躍していました。

片桐さんの力を借りて、なんとか太田さんとの面会のチャンスを得た私は、女子硬式野球の魅力と女子プロ野球に懸ける想いを伝えました。

「いやぁ、世の中にこんなに野球好きの社長さんがいらっしゃるとは思わなかった！

私にできることがあれば、前向きに考えたい」

太田さんの前向きな姿勢に私は、

「実は近々、第5回全日本女子硬式野球選手権大会があります。観に行きませんか」

とお誘いをしました。

２００９年夏。

全国から27チームが愛媛県松山市に集まり、５日間で35試合が行われました。この大会に一緒に行った太田さんは全てを観終わりこう言ってくれました。

「いや……しかし……こいつは驚いた……。これほどのレベルとは。正直言って、私は女子野球を遊びの延長だと思っていました。遊びであっても野球を愛してくれるのであればそれでもいい。でも」

太田さんは語気を強めました。

「彼女たちは違った。彼女たちは正真正銘のアスリートです。遊びであのプレーはできない。ひたむきに野球と向き合ってきた野球人同士の真剣勝負です。わかりました、角谷さん。私もあなたのように彼女たちの力になりたい。日本女子プロ野球リーグのスーパーバイザー、正式に、お引き受けいたします」

そしてその年の8月17日。

初代理事長となる片桐さんをはじめ、太田さん、社員のみんなの協力のおかげで「株式会社日本女子プロ野球機構」が誕生しました。

その翌日「関西を中心に女子硬式野球リーグの創設を目指し、8月24日に大阪で会見を行います」と公表しました。

全てが順調、とは言えませんが前向きに進んでいました。

これから、新しい夢がはじまる。

そう感じていた矢先のことでした。

8月19日。

私は、脳腫瘍の後遺症によるてんかん発作に襲われたのです。

突然、頭を叩き割られるような痛みを感じ、気を失いました。

目を覚ましたのは8月22日。会見まで残り2日となっていました。

このとき私はてんかん発作によって意識混濁、記憶障害が続いていて、家族の認識すらできませんでした。

朦朧《もうろう》とする中、私は「片桐さんに、連絡を……」と、娘にメールを打ってもらいました。

《リーグ設立会見は任せた》

これしか書けませんでした。私はこの後、約1ヶ月間の入院生活を送ることになるのですが、私の身体のことを知ってくれている片桐さんと、同じ志を持った太田さんが、見事な会見をしてくれました。

「まず女子野球を見てほしい。彼女たちは正真正銘のアスリートです。ひたむきに野球と向き合っています。本当に野球が好きなんです！　とにかく一度、女子野球をみなさんご自身の目で見てください！」

私は病院で会見の中継を見ていましたが、画面越しでも2人の熱い想いが感じられました。

「これでついに、正式に女子プロ野球がはじまるんだ」

静かな病院のベッドの上で、私は小さくカッツポーズをしました。

第二章

0《ゼロ》から1《イチ》への挑戦

入団テスト

２００９年10月2日。

「女子プロ野球選手、第一期生の入団テストを行います」と発表したところ、全国から１３９人が集まってくれました。

入団テストは「わかさスタジアム京都」で行われました。

この球場は京都市が運営する「西京極球場」という施設だったのですが、市から依頼を受け、年間契約額２５００万円で「わかさスタジアム京都」という名前にさせていただきました。

市からは「5年使ってほしい」と言われたのですが、私は10年間契約をしました。

なぜならば、ここを「女子野球の聖地」にしたい、と考えたからです。

周りからは、

「まずは5年でよくないですか？」

「集まるかどうかもわからない女子選手たちのために、かけるお金じゃないですよ」

など反対の声もありましたが、私に迷いはありませんでした。

「女子野球選手たちを、サポートすると決めたんだ。これは『やるからには10年は続ける』という意思表示でもあるんだよ。可能な限り最高の環境を整えてあげたいし、安心して野球に取り組んでほしいんだ」

と周りを説得しました。

やるからには10年‼

これは、祖母の教えでした。

角膜移植支援のためのミュージカルイベントを10年間、小学校での目の健康授業を12年間、フィンランドからサンタクロースを招き、小学校や病院を訪問する「サンタクロース訪問」を14年間、児童養護施設の子どもたちとテーマパークやボーリング、バーベキュー大会を楽しむ支援活動を14年間、障がい者マラソン大会を15年間、盲導犬育成支援を16年間、地域社会貢献活動、震災・大雨被害者復興支援を19年間など、どれも祖母の教えを守り、10年以上続けています。だから今回も、絶対に成し遂げてやる、という覚悟がありました。

てんかん発作から回復した私は期待に胸を膨らませて入団テストを見に行きました。その中に、今日までの女子プロ野球を支えてくれることになる選手や、日本代表としてワールドカップで活躍した選手も顔を揃えていました。

「角谷さん！　私の期待以上の選手ばかりでした……！　今日にでも入団発表をして、明日からすぐ試合をしたいくらいです！」

球場に来ていた太田幸司さんが興奮しながら私のもとに駆けつけてくれました。

女子プロ野球がなければ、彼女たちのような才能が、情熱が、日の目を見ることもなかったんだろうか、と考えた私は「本当に良かった、間違えていなかった」と感じていました。


約３週間後、入団テストを受けた１３９人のうち30人を女子プロ野球第一期生として迎え入れることにしました。

今までになかったものを、一緒につくって、支えていく仲間たち。

私は、これからの女子プロ野球をともに発展させていくみんなに伝えました。

「できたばかりの、何の約束もできない〝女子プロ野球リーグ〟に来てくれてありがとう。誰もやってこなかった、多くの人が反対することをやっていくことにはいろいろな困難が待っていると思う。私たちも、みんなが野球に集中できるように、野球で食べていけるようにできる限りのサポートをさせてもらいます。今までよく野球を続けてきてくれた。これから私たちは、野球をしている世界中の女の子たちの〝夢〟と〝目標〟になる」

みんな、真剣な面持ちで聞いていました。

「しばらくは、全く収益も見込めないだろう。スタッフもいない。試合の運営に関わることも、みんなで協力しながらやってもらうことになると思うし、最初はみんな一律で年俸200万円からのスタートとなるけど、10年以内に1000万円プレーヤーが生まれるように、私たちも頑張るから。みんなも女子硬式野球の発展に、力を注いでほしい！」

「はい!!」

彼女たちは私の想いに対して、力強く返事をしてくれました。

年末には、第一回ドラフト会議が行われました。球団は2つ。球団名は、今日と明日との夢の架橋、という意味の「京都アストドリームス」と、笑顔でフルスイングプレーという意味の「兵庫スイングスマイリーズ」です。次々と選手たちが指名を受けている姿を見ながら、私は一つの達成感を得ながらも、さらなる挑戦へと心を燃やしていました。

初試合

２０１０年４月23日。

18時、ナイター照明の中、記念すべき女子プロ野球リーグの初試合が開催されました。

「わかさスタジアム京都」には、２６５３人もの観客が集まってくれました。

地道なＰＲ活動の成果があったのか、予想を超える集客数であり、深夜には地上波で中継の録画放送も行われました。

私は興奮が抑えられませんでした。

ようやく彼女たちを「プロ」として送りだせるのです。

思えば女子プロ野球を設立してから半年間は、全く休んでいませんでした。片桐理事長とはほぼ毎日電話やメールでやりとりし、選手たちの状況や球場の設営の様子を確認していました。彼にとっては迷惑な連絡だったかもしれませんが、今思うと私はずっと心が躍っていたのかもしれません。期待と不安とが入り交じった、もやもや、ソワソワした気持ちでいっぱいだったのです。

その日のできごとは、今でも忘れられません。

新品のユニフォームに袖を通し、堂々とグラウンド入りする選手たち。

大勢の観客やテレビカメラの前での、緊張とワクワクが同居したような表情。

ピッチャーが放つ渾身のストレートにどよめく球場。

バットから響く快音と、その弾道が描く放物線の行方を息をのんで見守る観客。

全身で試合ができる喜びを表現する選手たちと、彼女たちのプレーを心から楽しむ観客たちで球場は一体となり、その場にいる全ての人たちが喜びに溢れていました。

彼女たちの人生が、明確に変わった瞬間です。

女性が「野球をする」ことを仕事として成立させた瞬間です。

「角谷さん、僕は、この日を楽しみにしていたんです」

一緒に試合を見ていた片桐理事長は、目を輝かせていました。

「僕らが女子プロ野球を立ち上げなかったら、今日はなかったんですよね。彼女たちのような野球が大好きな女の子たちが、この球場で戦う姿……。僕が願ってやまなかったのが、この風景です」

目には涙を浮かべていました。

私も心底ほっとしましたが、すぐに気持ちを切り替えました。

ここからが本当のスタートだ！

選手たちの笑顔を見ながら、そう思ったのです。

1年目の舞台裏

初年度の２０１０年度は4月23日から10月22日までの6カ月で合計40試合を行いました。来場者累計は6万１４２４人。１試合平均客数は１５００人ほどでした。

当時の女子プロ野球は、わかさ生活が出資している「株式会社日本女子プロ野球機構」が運営していました。

片桐理事長は、選手のケアや現場のことを本当に頑張ってくれていました。試合の運営、観客の誘導などのほか、選手たちの心のサポートや、私たちを信じて我が子を預けてくださる親御さんたち、球場に足を運んでくれる観客の一人ひとりと向き合い、誠実な対応をしていました。

そんな中で、片桐理事長はあるお客さんからこんなことを言われたそうです。

「女子プロ野球には本当に感謝してもしきれない。俺は昔野球をやっていて、子どもと一緒に野球をするのが夢だったんだ。生まれてきたのは2人とも女の子だったから、その夢は叶わないと思っていた。でも、女子プロ野球ができて、女の子が野球をすることはおかしいことじゃなくなった。娘たちがやりたいって言うなら、全力で応援できるし、一緒に野球をすることもできる。俺の夢も叶うんだ。本当にありがとう」

そばにいた娘さんたちも、キラキラした目で試合を見ていたそうです。

その報告を受けたとき、私の胸にジーンと熱いものが広がりました。

選手寮

プロ野球の世界に入ってくるのは、全国各地で野球を続けてきた女の子たちです。当然、球団の本拠地である京都、兵庫に引っ越してきて一人暮らしをしなければならない選手も多いのです。

そこで、京都と兵庫それぞれの拠点に近い位置である大阪府高槻市の物件を一棟、貸り切って寮を用意することにしました。

野球のために親元を離れた彼女たちが、少しでも野球に集中できるようにしてあげたいと思った私は、屋上に素振りができるスペースをつくり、広間にはネットを張り、バッティングやピッチング練習もできるようにしようと提案しました。

それには社員のみならず、不動産会社の方からも「やりすぎでは」との声がありましたが、私は、彼女たちが何の不安もなく野球に集中できる環境は必要なものだとみんなに説明し、実行しました。

寮費は最初は食事込みで5万5000円、2年目以降は2万5000円。無償にしなかったのは、社会人としてのお金の感覚というものをなくしてほしくなかったからです。当時の高槻市内の風呂・トイレなし、築古《ちくふる》のボロアパートでおおよそ2万円程度の家賃だったので、そこに合わせました。

そのほか、寮の食堂には管理栄養士を常駐させたり、給料とは別に、メディカルサポートやボディケアといった名目で、手当も支給しました。さらに、練習で汚れたユニフォームなどのコインランドリー代も全て無償にしました。もちろん、遠征の交通費や宿泊費、練習用のグラウンド費や移動費も同様で全て『わかさ生活』の負担です。

バット、ボールなどの消耗品も負担し、選手たちが野球をするために負担する費用は、ほとんどない環境でした。

また、片桐理事長は、選手一人ひとりに手紙を書いてくれました。親元を離れているから不安かもしれないが、サポートしていくから頑張ろう。活躍に期待している、といった内容だったそうです。

一方、女子プロ野球選手たちのための環境を整えすぎたことで、わかさ生活の社員は複雑な心境だったようです。

「社長……、ちょっとコストを見直した方がよくないですか？」

「寮、うらやましいです。私も住めないんですか？」

「俺も食事支給してほしいなあ……」

と、冗談半分にいろいろと言われました。

――セカンドキャリア

寮の設備や選手たちのサポートについて話し合いが続いていました。

そしてふと、女子プロ野球リーグのことに繋がりました。

プロリーグの門を叩いてくれた女の子たちは人生を懸けている。

野球をやめたら何も残らないなんてあんまりだ。

特にプロスポーツは、40歳を前にして引退するのは普通のことだ。

それ以降の人生も支えてあげたい。安心して野球に打ち込んでほしい。

そう思ったので、選手として第一線を退いた後もセカンドキャリアとしてスポーツに、野球に携わってもらえるよう国家資格である「柔道整復師」の資格取得を制度化しました。

学費などは全て会社が負担しました。しかしこれにも会社の内外から「甘やかしすぎだ」「そこまで面倒を見る必要はない」とチクチクと批判の声が上がりました。

こういった声は、よくも悪くもいつものことで、私は頭を下げみんなに説明をして回りましたが、片桐理事長から聞いた選手たちの声には少し驚きました。

選手たちは、試合がない日は、午前は運営に関わる雑務、午後に野球の練習をして、夕方から資格取得のために学校に通ってもらうことになったのですが、

「練習の時間が減ってしまう。もっと練習させてほしい」

「勉強は好きじゃない。将来マッサージ師になろうとも思っていない」

という声が数人から上がっており、中には学校をサボる選手もでているとのことでした。当時、私の大きな悩みの種にはなっていましたが、これればかりは時間をかけて理解してもらうほかありません。

20歳そこその子に、30歳を越えたときの焦りはわかりません。40歳、50歳になっても人生は続くけれど、仕事がないとお金はない、そのときの生活はどうするのか。

といったことを真剣に考えることは、まだ若い選手たちには難しかったのでしょう。

片桐理事長には、

「ゆっくりでいいけど、しっかりと伝えてほしい。これは必ず彼女たちのために、それ以上に未来の女子硬式野球のために必要なことだから」

とお願いしました。

運営のアマチュア集団

現場運営、選手たちのケアは片桐理事長に任せ、私は別の角度から女子プロ野球を盛り上げるサポートをしていました。

まず、女子プロ野球選手を知らない人のために、野球少女がプロになるまでのストーリーをマンガにして伝えました。彼女たちのおかれた境遇などを伝えることで、想いに共感してくれる人が増えてほしいと思ってのことでした。野球を知らない女の子たちにも女子硬式野球という世界を知ってほしかったのです。

試合でも選手を主役にしたイベントを開催し、そこでマンガを配ったりもしました。マンガの裏表紙にはサインを書けるスペースがあるので、そこでサインを貰えるようにしました。

また、「わかさ生活」の商品の仕入れの関係でフィンランドとも親交があったので、現地で人気の食べ物を球場で販売するなど、少しでも多くの人に楽しんでもらえるようにしました。

しかし、うまくいかなかったこともたくさんあります。

試合日程を組んだり、観客を集めたり、テレビや新聞などのメディアに対するPRというものには、全くノウハウがありませんでした。そのほか選手移動のためのバス手配、球場の押さえ方、雨天の際の対応、備品の手配、備品の保管、試合結果の伝え方、選手たちのプロとしてのマネージメント、観客からの貰い物や問い合わせの対応……。選手、運営含め全員が素人。毎日が手探り状態でした。

片桐理事長も元・広告代理店マン。大きな枠でのプロデュースは得意でも細かい対応は不慣れであったでしょう。

その結果、ホームページの問い合わせフォームにはさまざまな意見が寄せられました。

「男子野球にくらべてつまらないよね。観客少ないし」

「女子選手にどうしてスカートを穿かせないんだ？　女子がやる意味あるのか？」

「運営がひどい。俺のアイデアを採用したらもっとよくなるのに」

公の場でプロスポーツを運営している以上、何を言われても仕方のない部分はあるのかもしれませんが、やはり悲しい気持ちにはなりました。

しかし、嬉しいメッセージも多くありました。特に印象深く記憶に残っているものは「元」女子プロ野球選手やその関係者たちからのものです。

実は日本には、戦後まもない１９５０年から2年間、女子プロ野球が存在した時代がありました。

最盛期にはなんと25チームもあったそうです。

フィールドは男子と同じですが、ピッチャーとキャッチャーの距離は短く、ボールは準硬式というゴム製のものだったそうです。

しかし、黒字化は厳しく結局2年で消滅したそうです。

当時を知る人たちからのメッセージには「女子プロ野球を復活させてくれてありがとう」と書かれていました。そのほかにも、子どものときに野球をしていたけれど先がなくてやめてしまった女性や、その家族や友人たちからも「嬉しい」「ありがとう」という声が届きました。

こういう人たちがいるのだから、夢を叶えてあげたいと強く思いました。

日々届く手紙やＦＡＸ、メールの文章に、運営素人の私たちは一喜一憂していたのです。

１年目の功労者

リーグ１年目、一番走り回っていたのは片桐理事長でしょう。

球場確保にも苦労していました。

なにせ無名の女子プロ野球。球場を貸してもらうにも、まず女子プロ野球が何なのかという説明からはじめなくてはなりません。

「女子プロ野球？　聞いたことないよ。プロとはいえ名ばかりでしょ。あんたたちに貸すような球場じゃないんだ」

と心なく断わられることばかりだったそうです。

しかし、片桐理事長の熱烈なアプローチのおかげで、初年度からスカイマークスタジアム（現・ほっともっとフィールド神戸）、皇子山球場などいろいろな球場を押さえることに成功しました。さらに、1年目にして京セラドーム、西武ドーム、ナゴヤドームという大型球場での試合まで実現したのです。

その甲斐あって、女子プロ野球を取り巻く環境は、少しずつ変わりはじめました。

「少年野球チームから野球教室を開いてくれと依頼が来ました！」

「また連絡が来ましたよ。A高校が、女子硬式野球部をつくりたいそうです！」

女子プロ野球ができたことにより、あれだけ反対されていた、女子硬式野球部の設立が、加速度的に増えていきました。

野球を愛する女の子たちの受け皿が広がっていく。

その事実が、嬉しくてたまりませんでした。

トライ＆エラー

嬉しい報告が少しずつ増えてきた女子プロ野球ですが、素直に喜んでばかりはいられません。問題はまだまだ山積しており、次から次へとやってくるのです。

「社長……、女子プロ野球リーグから、追加金の申請がありました」

「そう、いくら？」

「いち、じゅう、ひゃく、せん……。全部で1億3000万円ほど、です……」

「わかった。後で内訳を見ておくから」

私に声をかけてきた経理の社員は、不服そうに言いました。

「すでに投資は5億円を超えています。そのわりに、全然収益はないし……。片桐理事長もやりくりに苦労しているようですが、もっとしっかり計算しないと、これじゃあキリがないですよ」

「確かに、日々本業の方でお金を管理してくれているあなたから見たら、違和感があるよね。でも、女子プロ野球は、まだ、収益とかを問う段階ではないんだよ。というか、そもそも女子プロ野球はビジネスを目的としていなかったよね」

「……そうでしたね。目先のお金が大きくて、戸惑っていました。すみません」

「不安に思うのも仕方ないよね。あなたがいてくれるから、会社がしっかりと続けていけるんだ。本当にありがとう」

このような会話を私は社内、社外問わず数えきれないほどしました。そして、事業の黒字化よりも、まずは認知度をしっかりと上げること、という優先順位を定着させたのです。

「まずは無料でもいい。女子硬式野球のよさを少しずつみんなに知ってもらおう」

こうして、無料客の招待が決まりましたが、これがまた問題となります。

初試合には2500人以上の観客が入りましたが、レギュラーの試合となると、1試合あたりの観客動員数はだいたい1500人程度でした。試合によっては無料招待した観客の方が多くなることもあったのです。

女子硬式野球を見てくれることは嬉しいのですが、お金をだしてまで見たいという人を増やすのは難しいことでした。この先ずっと無料枠を確保し続けるわけにはいきません。それでは本当の意味で女子プロ野球のよさをわかってもらえたとは言えない。私は彼女たちに、自分の力で、本当に「野球で生活していけるようになってほしい」と思っていたのです。選手たちからも、

「片桐さん、どうやったらお客さんは増えるんですかね」

「私たちがもっとうまくならないとだめですね……」

「観てくれる人が少ないと寂しいね……」

など、ぽつぽつと声が上がっていたそうです。選手たちは「少しでも多くのお客様に来てほしい」「メディアに報道してほしい」といろいろと考え、取材に来た記者の人たちにバレンタインチョコをプレゼントしたりと、自分たちで考えた売り込み活動をはじめました。

9年経った今でも続く、女子プロ野球の活動の一つです。

そのような声を聞くたびに、実は私は嬉しく感じていました。

彼女たちが、希望を持てる女子プロ野球にしなくてはいけない、と感じている。

そのためにも、もっと彼女たちが希望を持って生活できなくてはいけない。

彼女たちが燃えている限り、その火は消えない、消させない、と思いました。

第三章

女子プロ野球は、誰のもの

選手からのアイデア

私が女子プロ野球を設立する、と決めたのは、収益を上げたいとか、儲けたいとか、そういった考えからではありません。

野球を愛する女の子たちが、安心して大好きな野球を続けられるような世界を、野球を諦めなくてもいい世界をつくるためです。その大きな信念から逸れることはしたくありませんでした。

なので、特に何を押しつけるつもりもなく、当事者である選手たちは何が嬉しいのか、彼女たちなりのアイデアを積極的にだしてほしい、と片桐理事長に伝えたところ、早速、いろいろと案をだしてくれました。

「試合の後にお客さんとハイタッチしたらどうかな」

「球場の掃除は自分たちでする？」

「この辺、毎週清掃活動してるんだって。参加してみない？」

「やっぱりアイドル的な、なんとか48みたいなのがあるといいかもね」

片桐理事長は選手たちの積極性、主体性を嬉しく思い、可能な限り全てを実現させようと動いてくれました。

しかしメディアは、ボランティアや清掃活動など、彼女たちが行ってきた温かい活動についてはほとんど取り上げずに、「女子」を前面にだした活動ばかりを大きく報道していました。一般大衆向けのメディアとは、そういうものであることを、ここではじめて知りました。ほかにも選手たちは「動画配信」や「観客とのキャッチボール」などさまざまな提案をしてくれました。これほど主体性を持って取り組んでくれているみんなの行動に水を差すのはよくない、と思った私は現場のことにはあまり口を挟まず、自由にやってもらっていました。

だからこそ、これまではその手の運営批判にはあまり反応してきませんでした。「あれは選手たちが言いはじめたことです」なんて言い訳めいた反論をすることは、せっかく考えてくれた選手たちに申し訳ないし、それによって女子硬式野球を盛り上げたいと頑張ってくれている選手たちのモチベーションが下がることも嫌だったからです。

ただ、当の選手たちはというと、竹を割ったような性格の人が多く、

「苦情なんて気にしないでくださいよ！　ある意味注目されているんですから結果オーライでしょう！」

と驚くほどあっけらかんと笑い飛ばしてしまいます。その反応を見るたび、私は、私などより彼女たちの方がよほど強い心を持っているんだな、と思うのでした。

女子硬式野球名物の誕生

「観客をどう増やすか。みんな、何か案はある？」

女子プロ野球の選手たち、女子プロ野球機構のスタッフ。ほぼ毎日みんなで集まってアイデアをだし合っていました。さまざまなアイデアがでては消え、でては消え……。

そんなとき、選手から提案があったのが、「ダンス」でした。

「ダンスはどうですか？」

「いいですね！　運動にもなるし！」

サクサクと話は進んでいきます。選手の一人がすっくと立ち上がると、他の選手もそれに倣いました。決して上手ではありませんが、元気で素朴な、明るいダンスでした。なるほどこれが今のダンスなのか。見ている私たちまで元気を貰えるものでした。

「こういうダンスをね、試合がはじまる前と、後で踊るの。どう？」

「一体感が生まれていいんじゃない？」

選手たちの言葉に、スタッフも顔を見合わせました。

「これはアリかもしれませんよ」

「ただ座って試合を見ているだけより、誰もが参加できる方が楽しいと思います」

「小さい子からお年寄りまで覚えられる簡単なものならどうでしょう」

そんな提案に対して、私はどちらかというと乗り気ではありませんでしたが、せっかく選手たち自身がお客様を楽しませたいと思って提案してくれているのを無下にすることもはばかられます。

「みんながやりたいのであれば、そのダンスを採用しよう。新しく入ってくる選手や、私のようなダンス未経験者、お客様でも楽しめるような、簡単なものにしてね」

選手たちはワッと楽しそうに笑いながら、ハイタッチをしていました。

「女子プロ野球とは、こうあるべき」

という指針がない中、何もかもが手探りで、何でもやってみよう精神で試行錯誤している時間は、大変でしたが楽しくもありました。

こうして、女子プロ野球名物となった球団ごとの応援ダンスは誕生しました。

荒唐無稽に思えることも、選手、運営、そしてお客様が楽しんでくれるのであれば、それは「女子プロ野球」の正しい姿なのだ、と思っていました。

未来のプロ野球選手たち

9月に行われた第2回入団テストで新たに6人のプロ野球選手が誕生しました。

2年目となった2011年は、今現在の女子プロ野球にも繋がる新制度を導入しました。イニング数を9イニングから女子野球国際基準の7イニング制に変更したり、指名打者制を導入したりしました。

そして「第1回女子野球ジャパンカップ」が開催されたのもこの年です。

プロ、アマチュア問わず女子硬式野球チームが参加可能な大会です。

「プロ」がアマチュアに負けるわけにはいかないぞ！　とチーム内で檄を飛ばし合って臨んだ大会でしたが、優勝したのはプロチームではなく、高校生のチームでした。

片桐理事長や関係者、またプロ選手たちは面目丸つぶれといった様子で、大いに落ち込んでいたのですが、彼らには申し訳ないと思いつつ、私は大いに楽しむことができました。

というのも、私にとってはプロも高校生も、みんな女子野球の未来そのものです。みんなが一生懸命、楽しそうにプレーしている姿を見ているだけで十分でした。女子野球に関しても、業界全体が活性化するならそれが一番の喜びです。

これまで9回開催されてきたジャパンカップで、高校生が優勝したのはこの1度きりで、残り8大会はプロチームが優勝をしていますが、私はまたいつか大番狂わせが起こることをどこかで密かに期待しています。

2年目、2011年シーズンは4月2日～10月6日までの半年間で53試合を行い9万1973人の観客動員数となりました。1試合平均は1735人で、昨年から試合数が133%、動員数が150%増加と素晴らしい成長を遂げたシーズンとなりました。

また、女子プロ野球リーグ初の「ホームラン」がでた年度でもありました。

7月23日。

京都アストドリームス　対　兵庫スイングスマイリーズ戦。

1400人を超える観客の目の前で、バッターが鋭く振ったバットがボールを大きくはじき返し、ぐんぐん伸びた打球が、柵越えホームランとなりました。

球場で観戦していなかった私は、報告を聞いて大喜びしました。

「本当か⁉　本当か⁉」

と叫び、すぐに録画でそのシーンを見ました。

《キンッ！》という快音が響きボールが落下するまでの間、私の口からは

「おおっ！　おお……お、あ……おぉぉぉぉぉおおおお‼」

と言葉にならない音しかでていませんでした。

少年少女野球教室

選手の間でも、大きな変化が起きているようでした。

2期生の入団が、1期生の野球に対する態度や意識を変えたのです。嫌だと言っていた専門学校通いや、食事に対する意識の低さ、礼節の指導などが明らかに前年よりよくなりました。後輩ができることで先輩としての意識が強く芽生えたのでしょう。

そのような選手の意識の変化の中で、女子プロ野球の未来にとってとても重要なイベントが活性化しました。それは「少年少女野球教室」です。

きっかけは、近所の少年野球チームや野球クラブを持つ小学校から入った「子どもたちに野球を教えてあげてほしい」という依頼でした。

片桐理事長から報告を受けた私は

「素晴らしいことだ。是非やろう」

と二つ返事で進めていってほしいと伝えました。

小学生の野球チームでは、男女混合の編成になっていることは今では珍しくありません。彼らにとって、プロ選手から指導を受けることは強烈に記憶に残るはずですし、今以上に野球を好きになってくれるはずだと思いました。

これがとてもよい結果となりました。

子どもたちはもちろん、選手たちも、

「自分たちは、誰かに憧れられる存在なんだ」

「テレビの向こうの野球選手に憧れている時代は終わったんだ」

「次は私たちが彼女たちを育てて、導いていく側に回ったんだ！」

と、〝プロ選手〟としての自覚を育むことができたようでした。

「難しい言葉を、どう伝えるかを考えてみました」

「今までは自分のことばかりだったけど、教える楽しさもわかりました」

「子どもの成長は早い。あの子たちに追い抜かれないようにしないと！」

選手たちは一層練習に励むようになり、野球を論理的に考えるようになりました。

「私、将来は指導者になってみようかな」

「永遠に野球ができるわけじゃないから、次のステップを考えないと」

「怪我した子たちを手当てできたスタッフさんがかっこよかった。私もそうなりたい」

ただひたむきに野球をしてきた女の子たちが、社会人として成長するとてもいいきっかけになったと感じました。選手たちは、未来を考え、結果的に、「今何をすべきか」も熟考できたのです。

しかしこのころ、少しずつですが「設立の苦しみ」から「運営の苦しみ」へと悩みの種が移っていきました。

チームワーク

関西を中心に活動していた女子プロ野球ですが、関東出身の選手も多かったため是非地元に錦を飾らせてあげたい、とはじめた取り組みが「シンデレラシリーズ」でした。関西以外の地域で10試合ほど実施をしたのですが、その球場の確保、交通、宿泊の手配、それに伴う選手たちへの伝達ミスなども多発しました。

野球が大好きで、野球に対する意識も少しずつ変わってきたとはいえ、まだ10代、20代の若い女の子たちです。1年間の経験を経たことでできた「慣れ」による甘えや社会人としての自覚の不足などがトラブルを招いていました。

たとえば、移動手段。当時からできるだけコストを抑えようとしていた運営は、1台の大型バスで2チームを一緒に移動させていた時期があり、それに対して「負けた相手と同じバスで帰るのが嫌だ」「別々にしてほしい」といった声が上がりました。

もちろん「本気で嫌だ」という感じではなく、一時的な言葉だとは思うのですが、そういった声を聞くたびに「どうにかしてあげたい。そのためには、それを実現できるようなプランを組んで成功させなければ」と片桐理事長と話し合いをしていました。

ある選手は「アウトとかセーフの判定、綺麗な人が得をしていますよね」といった内容のことで抗議してきたこともありました。

このように、社会人としてはまだまだ未成熟な選手たちでしたが、根本的には野球が好きな、とても優しい、まっすぐな性格を持っています。ボランティアや社会貢献活動には積極的に参加し、女子プロ野球を支えてくれている人たちの力になりたい、と自主的に行動してくれている姿は、本当に頼もしく思えます。

この年に発生した、東日本大震災の際も彼女たちは見事なチームプレーでボランティアに参加しました。女性ならではの気づかいや細やかさと、アスリートならではの力強さ、元気さで活躍をしてくれました。

女子野球だけでなく、会社としても災害など有事の際にはできる限りの支援をすると決めています。

きっかけは、１９９５年の阪神・淡路大震災で私自身が被災したことです。当時私は、損得勘定を抜きにした、本当の意味での「人と人との助け合い」を肌で感じ、周囲の人たちに命を救ってもらった経験がありました。

東日本大震災の発生後、津波のニュースを見た私は、すぐに義援金3億円と避難生活で不足がちになるであろう栄養素を持つサプリの提供をするとともに、有志の社員でボランティアチームを結成し、災害復興の支援をしました。そのときに女子プロ野球の選手たちが手を挙げてくれたのです。

地域密着

被災地へのボランティア活動などを通して、選手たちも「地域との助け合い、結びつき」の重要性をより強く認識してくれたようで、一層地域密着、身近な存在になる、という点に力を入れるようになりました。

選手たちは「少年少女野球教室」のエリアを広げたり、球団がある地域のお祭りには積極的に参加したり、商店街のイベントの手伝いをしたりと、さまざまな活動をしていました。

そのうち、商店街のお祭りに行けば、「よく来たね」「いつも頑張ってるね」「応援しているよ」と言ってもらえるようになったそうで、結果的に自分たちを応援してくれる人が増えることに大きな喜びを感じていたようです。

「今週はこのお祭りに行きましょうよ！」

「商店街でイベントがありますよ！　チームで参加しましょう！」

と選手自ら、行きたいお祭りなどを調べてくるようになったそうです。

また、女子プロ野球リーグのスタッフも一層人との繋がりに力を入れ、各選手の地元での試合を行うといった取り組みをはじめていました。女の子が続けていくには厳しい「女子硬式野球」をときには選手本人以上に熱く応援してくれていた家族や近所の人たちに、立派にプロとして試合をしている姿を見せることはとても意義深いものだと思っての施策でした。

この年は、福岡や仙台で試合を行いました。

選手の友達や家族、昔のライバルなどが観戦に来てくれて、普段の試合とは違ったとてもいい試合となりました。

それ以降も、２０１１年には北海道の札幌ドームで、２０１３年には静岡の草薙球場で、２０１８年には奄美大島で試合を行いました。特に奄美大島での試合は、選手のお父さんとの約束でした。

娘の晴れ姿が見たい、と言うお父さんの願いを叶えてあげたい。

そのような想いで遠征試合を繰り返していると地元の野球部に所属する女の子も夢を膨らませてくれたようです。

選手たちも「地元の子どもたちに夢を与えたい」と言ってくれることも増えました。

故郷に錦を飾ることは、選手たちにとってずっと応援してくれた周囲への恩返しになりますし、それは私たち運営側にとっても同じことです。

女子野球に限ったことではありませんが、何事も自分たちだけではできないのです。応援してくれる人がいて、支えてくれる人がいる。そして困っているときにはお互いに助け合う。

こんな風に、人と人との繋がりによって感謝の連鎖を生みだし、女子野球が発展していくことができれば、こんなに幸せなことはない、と私は感じました。

このころから女子プロ野球リーグのスタッフも運営のコツを掴みはじめたのか、いろいろな施策を自分たちで企画、実施をするようになっていました。

ときには事後報告を受ける企画などもあり、たまに「それは、もうちょっとこうした方がいいんじゃないか」「事前に言ってくれればこっちも準備を手伝ったのに」と思うこともありましたが、自ら考えて動くようになっているのはいいことだ、とも思い徐々にスタッフたちに任せることも増えていきました。

3年目の課題

2012年。リーグ設立から3年目。

どんな事業でも、3年目というのは一つの山場になります。

記念すべき3球団目「大阪ブレイビーハニーズ（現・レイア）」が加わり、プロ野球選手数も前年から14人増えました。

またこの年、リーグ名を「GPB45《Girls professional Baseball》」としました。

これはある選手が「登録名を苗字じゃなくて、名前にしてほしい」と言ってきたことがきっかけでした。

ファンにも、選手たちにもっと親しみを持ってもらえるかもと思い、この年は全選手を下の名前で登録をしたのですが、「下の名前が同じ選手が多く、逆にわかりづらくなった」という声が上がったため、翌年は元に戻しました。

またこの年の8月10日から8月19日は、カナダで第5回IBAF女子ワールドカップが行われました。日本を含む8ヶ国が参加し、世界一を競い合ったのです。

私は「女子野球の普及に必ず役に立つ。全試合を世界に配信できないか」と考えアメリカのGoogle社を訪れました。

なんとか全世界配信ができないか、と打診をしたところ「Ustream」という動画配信サービスであれば配信ができると聞き、即決でお願いしました。

日本代表は予選リーグ1回戦・対オランダ戦を21―0で勝利、という圧倒的な戦力を世界に見せつけました。

2回戦の対アメリカ戦は3―5で敗れてしまいましたが、その後は他の国を10―0など大差で下し、怒涛の連勝劇を繰り広げました。

決勝リーグの対アメリカ戦も予選での敗北の雪辱を果たし3―0で勝利し、3度目の金メダルを獲得しました。

全世界配信には1億円以上のコストがかかりましたが、世界の野球ファン、野球少女に日本の女子野球のレベルの高さを伝えられたと思います。

最初の2年間は、今までになかったものを世に広げるために私自ら動き、広報宣伝にも力を入れてきました。

しかし、それでは本当の意味で女子プロ野球を、女子野球を広めることには繋がらないと考えた私は、選手たちとスタッフの「地力」を鍛えるために運営の全てを女子プロ野球リーグに任せることにしました。

人員も増え、運営も経験を積み、いよいよここからだ、というタイミングであった3年目でしたが、リーグは大きな壁にぶつかりました。

この年は3月26日～11月5日までの半年間で53試合を行い3万4792人の観客動員数となりました。なんと昨年から5万7181人、62％も減ってしまったのです。

私は、女子プロ野球リーグに収益は求めておらず、とにかく文化をつくる、夢を応援する、ということを考えていたのですが、毎日現場で活動をしているスタッフからすると、やはり気になるのが目先の数字。選手からすると、見てわかる観客数だったのでしょう。

私の目から見ても選手やスタッフが意気消沈しているのがわかりました。

しかし、私はあえて手を差し伸べませんでした。

このような逆境を乗り越える経験は、必ず役に立つ、と信じていたからです。

実際、現場からは
「お客様が来てくれるのは当たり前じゃない」

「自分たちがやりたいことじゃなくて、お客様が観たいことを考えないといけない」

「野球だけでお金を貰っていることに感謝をしないといけない」

という声が上がりはじめました。

与えられた環境で野球をするだけであった選手たち、スタッフたちの意識が変わり、行動も変わりはじめました。

するとこの年以降、観客動員数は少しずつですが毎年右肩上がりに伸びるようになったのです。

日本代表戦

またこの年に「女子プロ野球選抜チーム　対　日本代表チーム」の強化試合が実現したことは女子プロ野球にとって大きなできごととなりました。

日本にはすでに「一般社団法人全日本女子野球連盟」という組織があります。国際野球連盟が主催する「女子野球ワールドカップ」や国際女子野球協会が主催する「女子野球世界大会」にでる日本代表チームの編成・育成と「全日本女子硬式野球選手権大会」を主催する団体です。

女子野球ワールドカップで日本代表は、初開催の2004年から参加し銀メダル、銀メダル、金メダル、金メダルと圧倒的強さを誇っていたのです。

その連盟から「2012年8月に開催される第5回女子野球ワールドカップに向けて、日本代表チームと女子プロ野球リーグ選抜チームで対戦がしたい」と連絡があったのです。

「いいね!!　すぐやろう!!」

私は即答していました。

ワールドカップで圧倒的な成績を収めている日本代表選手が相手であれば、選手たちに「世界」を見せてあげることができる。勝っても負けても、きっとより志を高く持って野球に打ち込んでくれる。そう思ったからです。

しかし、片桐理事長は意外な反応を示しました。

「社長、相手は世界最強の日本代表チームですよ?　もし負けたらどうするんですか?」

片桐理事長はリーグの代表として活動する中で、女子プロ野球にとても強い情を持ってくれていたのです。それはそれでありがたいことですが、あまりに思いが強くなりすぎて、大事なことを忘れかけていると思った私は、改めて片桐理事長に切々と話をしました。

「勝つことが全てじゃないんじゃないかな?　片桐さんの女子プロ野球リーグ代表としての気持ちは痛いほどわかるが、肝心なことを忘れているような気がするよ」

片桐理事長は言葉に詰まっていましたが、まっすぐにこっちを見てくれていました。

「どちらが勝とうが負けようが、いい刺激になる。女子野球を広げようとしている人同士の交流が盛んになれば、裾野はもっと広がる。日本の女子野球を盛り上げるためなら、どちらが強いかなんて二の次だよ。そんな小さなことにこだわっていたら、いつまでたっても女子野球はマイナースポーツのままだ」

私も片桐理事長の目をしっかりと見つめて言いました。

「思いだしてほしい。僕は、野球がしたくてもできない女の子たちの夢や目標のために女子プロ野球リーグをつくったんだ。そのためになるのであれば、できることは全てやろう」

片桐理事長はハッとした様子で数秒黙っていましたが、意を決したように言ってくれました。

「……そうでしたね。わかりました！　早速準備にかかります！」

そこから約2ヶ月後。

2012年4月23日。わかさスタジアム京都にて、女子プロ野球リーグ選抜チーム

対　日本代表チームの試合が行われました。１日で２試合をすることとなりました。

後から聞いた話ですが、球場にはスポーツ紙各社の記者が集まっていたそうで、

《女子プロ野球、〝日本代表〟に敗れる！》

といった記事を期待していたそうです。

そして、第一試合がはじまりました。

不安そうにしている片桐理事長の隣で私は、

（頑張れ！　女子野球！　どっちも頑張れ！）

そんな思いで試合の行方を見守っていました。どちらのチームであっても、素晴らしいプレーを見ると、

「今のはいいプレーだなぁ」

と、声を漏らしてしまいます。するとすかさず片桐理事長から、

「どっちの味方なんですか！」

と言われました。

第一試合の結果は６－１で、女子プロ野球チームの勝利となりました。この結果に

観客席はざわついているようでした。

「おいおい……前評判と全然違うぞ」

「あのプレー、マグレじゃないな。女子プロ野球、聞いていたより強いのか？」

といった声も耳に入ってきました。

観客や報道陣がざわついている中、二試合目が行われました。

勝ったのは二試合目も女子プロ野球チームでした。しかもスコアは9－0で圧倒的な勝利です。

正直私も、ここまでのことになるとは思っていませんでした。

球場内のみんなの予想を覆し、女子プロ野球チームが世界最強・日本代表チームを攻守で圧倒したのです。

それまで日本代表選手の中には「実力はプロより、アマチュアの日本代表の方が上だ」と思って、入団テストに参加しない人も多くいました。しかし、この試合をきっかけに翌年から一層多くの、ハイレベルな選手たちが女子プロ野球の門を叩くようになってくれたのです。本当に、大きな功績でした。

有名税

日本代表との強化試合の成果もあり、4年目の2013年には4球団目「イースト・アストライア（現・埼玉アストライア）」が設立。女子プロ野球選手は58人になりました。2010年設立時の約2倍です。

年明け早々の1月17日に新体制が発表されました。

西の「ウエスト・フローラ」、「サウス・ディオーネ」。

東の「イースト・アストライア」、「ノース・レイア」。

ついに、4球団。東西体制を築くことができました。

この年から東西2球団がいわゆるレギュラーシーズンとして戦う「ヴィクトリアシリーズ」と、女子野球を全国各地に広める目的で4球団で2日間のトーナメント戦を行う「ティアラカップ」という二本柱の体制となりました。

しかし、選手は増え、認知度も上がり、体制も整っていったのですが、事業としては全く上向きにはなりませんでした。試合数は49試合と昨年を下回り、観客動員数は3万5012人。なんと最低だった前年から220人しか増えませんでした。

　選手が増えるとスタッフも増やす必要があります。そうなると人件費や運営費などの維持コストは膨らむ一方でした。それなのに収益は上がらず、といったことが加速度的に表面化してきた年となりました。

　西日本を中心に活動してきた今までと違い、関東にも試合をしに行くことになり交通費や、選手たちの消費時間、また選手たちも、プレーヤーは増えているのに試合数が変わらない、ということで実質野球をする時間が減ることなど、目に見えない圧迫が増えたように感じていたようです。

　私も、リーグの成長として大枠では想定通りの順調さを感じていましたが、現場で起こる細かな不備や伝達ミスによるトラブルなどを耳にする機会が増えました。

　そのたびに、

「既存の方法を模倣してもうまくいかないよ。新しいことをしているんだから、全員で協力して、常に最適だと思えることをやろう」

と伝えるようにしていました。

ただ、この年は前年の日本代表との対戦や女子野球ワールドカップの開催もあり、メディア露出が増えた時期でもありました。東京MXテレビでティアラカップの決勝をリアルタイムで放映してもらえ、全国を回る機会も増えたことでJTBをスポンサーに迎え「JTB賞」を設けたりしました。また、3月～10月のシーズン中は東京MXテレビにて「夢・応援！　アストライア～全国へ、そして世界へ～」という応援番組を流すこともできました。

しかし、それは同時に、投資額が上がっていくことを意味します。

メディア露出が増えたことで、記事が記事を呼ぶように、いろんなインタビューを受けるようになりました。メディアが注目してくれることは嬉しいことも多かったのですが、気をつけなければならないな、と思った時期でもありました。

とある取材でインタビュアーが、

「動員数は多くなく収益はあまりないと思うのですが、採算は取れているのですか？」

「やめようと思ったことはないのですか？」

ということを聞いてきたため、嘘を言うものでもないと思い、

「正直女子プロ野球は大赤字です。何度か〝やめようかな〟と悩んだこともあります。しかし、私の夢は女子野球の普及であり、野球を頑張ってきた女の子たちにいつか甲子園大会のグラウンドで試合させてあげることなんです。あるとき、テレビを見ていて小学生の女の子が笑顔いっぱいで『大きくなったら女子プロ野球選手になりたいです』と言う言葉を聞いて、こんな幼い女の子に夢を与えておいて、途中で逃げてはいけない！　と思ったこともありますね」

と答えました。思っていることを素直に話せたと思ったのですが、記事の見出しは、

《女子プロ野球は大赤字⁉　スポンサーも撤退を検討》

といった具合になってしまうのです。

内容をしっかり読むと私の伝えたいことを汲んでくれてもいるのですが、やはりマスコミの見出しなどは扇情的になるものなのだな、とも思いました。

メディアに「赤字」、「撤退」という言葉で報道されることもありましたが、私は子

どものころから祖母の教えで「何かはじめたら10年は続ける」という信念を持っています。やり続けていれば応援してくれる人も増えます。それで救われてきた人生です。もし「球団を持ってもいい」という企業があれば、球団を無償で譲渡して任せることも厭わないと思っていましたが、「赤字」「撤退」といった見出しがでることで、それはなかなか難しいこととなっていました。

人員、組織、体制としては4年間拡大路線で進めていましたが、5年目を前にして赤字は過去最大となり、定期的にあった社内からの声も一層大きくなりました。

「3年やって改善の見込みが全くないのはどうなんでしょう。現場がやっていることはファン交流カードをつくったり、公式SNSをつくったり、小手先ですよ」

「プロスポーツ、ショービジネスとしての目玉がなさすぎます。これは運営というより現場、選手の問題ではありませんか？」

「部活の延長のようになっている。柔道整復師の学校も行っていない人がいると聞いていますけど、甘やかしすぎではないですか」

女子プロ野球事業を応援してくれている社員だからこそ、厳しい言葉が上がりました。志や夢、というものはよほど意識しないと日々の生活の中でどうしても弱まってしまうものです。これは仕事でもスポーツでも同じでしょう。

不幸なことに、この時期柔道整復師の資格が勉強不足で取れなかった選手や、学生気分、部活気分のままで集団生活の中で他人に迷惑をかけてしまう選手もでてしまいました。

さすがにそのような報告を聞くと「社会人として、ここにいてもらうことはできない」と判断を下さざるを得ません。さまざまなことが重なり、反省が多い年となってしまいました。

このときから、私は一つの構想を考えはじめました。

体制変更

女子プロ野球リーグ設立5年目となる2014年。

2つの大きな組織的な変更をしました。

1つ目は「株式会社日本女子プロ野球機構」を「一般社団法人日本女子プロ野球機構」へと移行したことです。

「株式会社」は法律上、〝営利活動〟をすることが目的の一つとされています。ですが、「一般社団法人」であれば、〝営利活動〟に走りすぎる必要がなく、よりフラットにこれまでの活動が可能だからです。また、ほかの企業も参入がしやすくなると考えました。新たに多くのスポンサー企業に協賛してもらうことで、女子野球の一層の発展を目指しました。

また、これにはもう一つ目的もありました。

今までどうしても起こっていたコミュニケーションのミスを解消したかったのです。どうやら、現場はどうしても私のことを「社長」として捉え、無用な気づかいをする人もいたそうです。「これは言わないでおこう」と報告をしなかったり、逆に「これは社長が言っていたことだから」と、私からの一疑問、質問を決定事項のように説明したりと、行き違いがありました。

女子プロ野球リーグ、女子プロ野球選手を思ってさまざまなアイデアをだしたり実施したりしてくれる片桐理事長や現場のスタッフと、私も正面から向き合って意見交換をしていたつもりですが、どこかで気を遣わせてしまっていたのかもしれません。

それもこれも「営利を目的にした活動をする株式会社である」という前提が、無意識にあったからだと感じました。そんな無用な忖度をなくすため、女子プロ野球機構を「一般社団法人」にしたのです。片桐理事長に一層の決定権を持ってもらうことで、私はさらに一歩引くことができるのです。

ただ同時に、この組織変革は大きな問題もはらんでいました。

選手の給料・年俸を払うための雇用の仕組みが変わってしまうのです。

一般的に「プロスポーツ選手」とは、個人事業主として契約し、自らのプレーで価値を高めて「稼ぐ」ものです。しかし、女子プロ野球リーグは5年目まででですでに50億円近い赤字でした。

チケットが売れていない、グッズなども売れていない、メディアから出演依頼、広告依頼がない。要は選手たちが市場から価値を感じてもらえていない、ということです。

赤字はわかさ生活がカバーしているのですが、一般社団法人化することでそこの仕組みが変わってしまいます。今までのようにスポンサード料、すなわち運営や選手の人件費などを払うことに仕組み上の無理がでてきたのです。

そこで、私は彼女たちのためにもなると思い、経営的発想からある方法を提案しました。

女子プロ野球選手たちを「個人事業主」から「わかさ生活の正社員」として雇用する、という仕組みです。

これに対して社内外からいろいろな声が上がりました。

「甘やかしすぎです。腐っても〝プロスポーツ選手〟でしょう？　私たちの仕事は野球の片手間でできるようなものなんですか？」

「利益を生まない人間を正社員に？　そうすると野球みたいに『来季構想外』通告は簡単にできませんよ。ただでさえ、家賃補助、野球用具の提供というサポートをしているうえ、タイトル料とかＭＶＰ賞で年俸に加えて特別手当を払っているんですよ？

今年はその表彰手当だけでも１０００万円を超えます。稼いでいない、自分の価値をだせていない人間にそんなに手当をあげるだけでもおかしいのに、これ以上甘やかすんですか？」

「年間たった8ヵ月、40試合くらいをするだけでこれだけ貰えるんですか？　年がら年中部活してるのと変わりませんね。それで、普通の新卒と同じくらいの年収ですし、手当とか補助含めたらそれ以上ですよね？」

もっともな意見もたくさんありました。

実際、彼らは企業経営のお金まわりや人材まわりのプロです。

数字だけを見ると、おかしな判断であるということは、私も否定できませんでした。

しかし私は、どうしても選手が野球をやめた後の人生も支えたいと思っていました。

正社員となってもらうことで、引退後も女子プロ野球に関する広報や指導者になる道を残すことができれば、彼女たち自身も安心して輝けるし、女子プロ野球の発展に貢献してくれると考えたのです。

ところが、なんと選手側からも反対意見があがったのです。

「社員とか嫌だ。プロがいい」

「ひょっとして、何か仕事しないといけないんですか？　嫌です、野球がしたいから」

「〝プロ野球選手になる！〟って地元をでてきたのに〝わかさ生活社員です〟ってダサい」

などなど、特に若手選手からの意見が多かったそうです。

彼女たちからすれば、自分たちが中高生のころから「女子プロ野球リーグ」は存在し、「野球がうまかったら入れる場所」くらいの認識だったのでしょう。

「野球をする女の子たちが、当たり前のように目指す場所になっている」

その事実に対する嬉しさはありましたが、プロをつくった理由、続けている想いや実態の部分を知らない選手たちが増えているとも感じました。

そのような若手選手たちに一期生・二期生といった先輩選手が「どれだけありがたいことかわかるか」と、厳しい指導をしたこともあったそうです。

片桐理事長は「代表」、「社長」というよりは「頼れるお兄さん」といったポジションであったそうで、このような選手たちのリアルな反応をよく教えてくれました。私にとっては現場を知るうえでとても頼りになる存在でした。私は彼を「〝兄〟ではなく、

〝親〟にならないといけないよ」と焚きつけていましたが、実はとても助かっていました。

若い選手が今後も増えていく中で、定期的に今回のようなことが起こるのは避けたいと思った私は『女子プロ野球誕生物語』というマンガをつくりました。

狙い通り、これが若い選手に「わかりやすかったです」「リーグができた歴史、知りませんでした。これから頑張ります」と好評で、しっかりと想いを理解してもらえたと感じました。

結果として、株式会社からの一般社団法人化は実現し、「経営支援」という形で『わかさ生活』が選手を雇用することとなりました。

2つ目は、リーグの英語表記を「GPB45《Girls Professional Baseball》」から「JWBL《Japan Women's Baseball League》」へと変更したことです。

仕事でアメリカに行ったとき、アメリカの女子硬式野球関係者やメジャーリーグ関係者に話を聞きました。

「今日本でGPBという女子プロ野球リーグをやっているのですが」

と話をすると、

「なんだそれは？　少女野球のグループか？」

といった反応ばかりでした。欧米で「ガール」という響きは女性というより、少女を指す言葉だったため、そのように思われたようです。

選手たちは、男とか女とかは関係なくただ野球が好きで、環境的な逆境を乗り越えてまで、野球を続けてきた人たち、野球がやりたい人たち、野球を愛する人たちです。「女性だから」とか「アイドルみたいに」とかではなく、しっかりと野球を愛する気持ちを伝えるべきなのです。

「ＧＰＢ45」も、最初こそ現場も選手も喜んで名前に乗っかっている様子でしたが、ときが経つにつれて野球を愛する自分たちと言葉が持つイメージの違いや、名前が独り歩きをして周りからされる期待とのギャップを感じているようでした。

そんなこともあったので、５年の節目に、よりよい体制を目指して「法人体制の変更」と「リーグ正式名称の変更」を行ったのです。

これは、全て良い方向に繋がりました。

野球人として、社会人として

2014年、女子プロ野球リーグ5年目。

全61試合で4万5126人の観客動員を記録。

昨年より12試合多く行い、1万1114人も多く観客動員ができました。

「試合数が増えれば、観客数は増えて当然だろう」と思われるかもしれませんが、この試合数を増やす、ということ自体がとても大きな快挙でした。

女子プロ野球は、認知度の低さや環境から、まず球場を押さえることが難しいのです。

また、それに伴う選手、野球用具の移動、スタッフ、放送環境の手配などとても多くの手間暇をかけて行う必要があります。

ついにそれらを、現場の力で増やすことに成功したのです。

赤字の女子プロ野球リーグでは、運営側に多くの人材は割けません。よって球場での試合の準備、グラウンド整備、球場の手配にバスの手配、試合後のホテルの手配、食事の手配などの運営業務を選手たちが各々やりはじめました。

中には「わかさ生活」の社員や一般的な会社員よりテキパキと、完璧に遠征のスケジュールや交通、宿泊の手配を整える選手もいました。

環境、状況の変化が選手たちを「野球人」としても「社会人」としても成長させてくれたと感じました。選手たちを「社会人」として成長させたのは、紆余曲折ありながら運営とともに成長した経験ももちろんありますが、「被災地支援」と「選手会」の立ち上げも大きかったと思います。

2014年8月17日、観測史上最大の集中豪雨が福知山市、丹波市を襲いました。2011年の東日本大震災の復興支援ボランティアの経験もあり、選手たちはとても積極的に活動をしてくれていました。

女性であること、野球選手であることなどを抜きにしても人間として素晴らしい行動、活動をしてくれる彼女たちの姿を見て私は心から感謝の念と、素晴らしい人間になってくれていることに対する喜びを感じました。

また12月には、選手たちの発案で「選手会」が設立されました。

毎年、数人は自分の人生を見つめ直したうえで自主退団という選択をする選手もいます。

私としては、自分の大切な人生を見つめ直したうえでの選択であればそれでいい、という想いがあります。

しかし、選手たちはまた違った感覚を持ったそうです。

「私たちが嫌な思いをさせちゃったかな？」

「この場所を好きになってもらえなかったのかな？」

という声が上がった結果、選手たちから、

「若い選手たちがもっと安心できるような環境にするために選手会をつくりたい」

という提言があり、私は嬉しくなりました。

選手たちの気持ちは、同じ選手が一番よくわかると思います。

与えられた場所で、与えられたもので活動をしてきた選手たちが、与える側になりたいと考えはじめてくれた、ということは今後の女子野球にとって必ずいい影響をもたらすだろうと確信がありました。

リーグ設立5年目になった2014年は、今までの「わかさ生活」や「女子プロ野球機構」が資金を投じて行ってきたプロモーションから、選手たち発の、女子野球の真の魅力を広げていく活動がはじまった年になりました。

理事長交代

この5年目には、もう一つ大きな動きがありました。

2009年から一緒に女子プロ野球リーグを立ち上げ、ともに走ってくれた片桐理事長が5月に体調を崩し、倒れてしまったのです。

幸い大事には至らないものだったのですが、このとき、片桐理事長といろいろな話をしました。

今まで世界になかったものをつくることには、想像を絶するほど、周りからの反対意見や批判があり、それを乗りきるには圧倒的な努力と精神力が必要です。

片桐理事長はその矢面に立ち、全てを受け止め、乗り越えてきてくれました。

片桐理事長のおかげで女子プロ野球はここまできました。

選手たちも50人を超え、組織としても性質が変わってきました。

情熱と営業で事業を伸ばしていく、0《ゼロ》を1《イチ》にする「創業期」から、人とともに組織基盤をつくる「成長期」へと、ステージが変わったのです。

片桐理事長もそのようなことを感じていました。

そして、女子プロ野球が次のステージに進むにあたり、理事長の交代をすることとしました。私も、驚くほど自然に受け止めることができ、後任として相応しい人もスッと浮かんできました。

その人が、現理事長の彦惣高広さんです。

彼は「わかさ生活」で人事の担当をしていました。

400人近い社員やパートの人たちと日々向き合い、みんなの悩みを解決してきた人です。

あるとき、京都本社の女性社員から「ストーカーにつきまとわれている」と相談を受けた彦惣さんはその日から送り迎えをしてあげて、なんとそのストーカーを捕まえてしまったのです。

人と向き合い、人との悩みを解決し、みんなで同じ方向を見て、協力体制をつくっていくという組織基盤を築くこれからの女子プロ野球リーグには、彼のような人が必要だと思いました。

東京オフィスの会議室で、彦惣さんに、

「女子プロ野球の理事長を引き受けてほしい」

と伝えると、一瞬も瞳を揺らさずに、

「わかりました」

と、即答してくれました。

片桐前理事長にも引き続き力を貸してもらいながら、リーグは益々その体制を強くしていきました。

２０１５年、リーグ設立６年目。

年間試合数は81試合と前年より20試合も多く、２０１０年の40試合の倍以上となりました。観客動員数も５万８２５４人と前年から１万３１２８人の増加、約１３０％の成長を遂げました。選手の数は63人となりました。

この年は新体制のもと、選手たちと現場の発案で非常に多くの動きがありました。一般社団法人化した目的の一つであるスポンサー企業募集も本格始動しました。災害支援や地域ボランティアの活動を通じて「地元の人々に愛される球団になる」ということを、お題目ではなく本気で考えはじめた選手たちの発案で「超・地域密着化」という計画が立てられ、球団名にそれぞれ、

「京都フローラ」「埼玉アストライア」

「兵庫ディオーネ（現・愛知ディオーネ）」「東北レイア（現・レイア）」

と本拠地の名前を冠することになり、その結果、兵庫ディオーネは淡路市と「ホームタウン協定」というものを結び、２０１８年に愛知へ本拠地を移転するまでの３年間、地元の人々と多くの交流をしてくれるようになりました。

また兵庫ディオーネは「ギネスに挑戦する」という企画を行い、９人制３分間連続

キャッチボールで160回という世界記録も達成しました。

「130km／h投手、年間5ホームラン打者プロジェクト」という企画も立ち上がり、国立鹿屋体育大学に協力いただき、毎年春、夏、秋に選手のパフォーマンステスト、身体能力測定とトレーニング指導を行いはじめました。

優勝を飾った「京都フローラ」優勝記念パレードは、なんと京都市に協力いただき市を挙げての開催となりました。

さらに、KADOKAWAと共同で雑誌『女子プロ野球Walker』を創刊しました。

全国の書店に、女子プロ野球の魅力や選手たちの笑顔が載っている本が並びはじめたのです。反響は大きく、これを機に女子プロ野球を知った、という人も多くいました。

もう一つ、この年には大きなできごとがありました。東北レイアを、入団1～2年目の高卒選手を所属させる育成チームとすることに決まったのです。

プロ入りする選手たちは18、19歳の女の子たちが多いです。

急な寮生活、長距離移動の連続など不慣れなことも多く体調を崩したり、深夜にお菓子をたくさん食べたりと、新人とはいえ「プロスポーツ選手」としての意識が不足している選手も多くいました。

それもそうです。数ヶ月前まで野球一筋の高校生だった子たちです。社会人として、プロの選手としての自覚を促すため、また、怪我や自己管理、メンタルケアなどがきちんと自分でできるようになるまでは、私たちが責任を持つべきだと考えました。そのような理由で、東北レイアを「レイア」という名前に変更し、1～2年目の選手たちを育てる育成チームとしたのです。

男子プロ野球ファンからの認知

2016年、リーグ設立7年目。

この年の試合数は64試合と、前年から17試合も少なくなってしまいましたが、観客動員数は7万1193人と、前年より1万1939人増加、120％成長しました。

この年は、ここまで女子プロ野球認知のために蒔いてきた種の一つが、理想的な形で実を結んだ年となりました。それは、男子プロ野球の「オリックス・バファローズ」とコラボした、兄妹マッチが実現したことです。

2016年5月15日、ほっともっとフィールド神戸で開催のオリックス 対 ソフトバンク戦終了後に、女子プロ野球リーグ公式戦「兵庫ディオーネ 対 京都フローラ」戦が行われました。

リーグ設立から7年目にして、ようやく、男子プロ野球と同じステージで野球をすることができたのです。

いつかは実現したいと強く思っていた企画でした。女子野球と男子野球の壁は、私が想像していたより遥かに高いものでした。

いくら球場や団体にかけ合っても、

「女子プロ野球？　そんなもの、流行るわけがないでしょう」

「プロ野球は、そういう色気とかとは無縁な世界なんですよ」

始球式にアイドルや女優を使っているのに、このようなことを言う人もいました。

そんな声に耐え、地道に活動を続けてきた結果、7年かかりましたが、ついに実現した夢の一つでした。

7823人という、今まで体験したことのない人数の観客に観てもらった試合は、さすがのベテラン選手たちも緊張したそうです。先発のピッチャーは「緊張して最初の数イニングはうまく投げられませんでした」と言っていました。

ただ、イニングを重ねるたび徐々にいつも通りのプレーになっていきました。特に試合終盤はいつもより調子がでていました。普段から男子と同じ球場でプレーしていますが、フェンス直撃の打球に観客は驚いていました。

試合後、観客席インタビューで、

「女子プロ野球、想像していたのと全然違う！」

「迫力があったし面白かった！」

「今度は別の選手も見てみたいなぁ」

と嬉しい言葉が聞こえてきました。インタビュー用のお世辞だったかもしれませんが、私がはじめて女子野球を見たときと同じ気持ちを、少しでも多くの方に知ってもらえた良い機会でした。少なからずプロ野球ファンに受け入れられたことは、女子プロ野球リーグにとって大きなステップアップとなりました。

それら一つひとつの感想が10年前、私が丹波の小さな球場で味わった興奮や高揚感と同じものだと信じて、また気合を入れ直すことにしました。

女の子だって甲子園

そして、このタイミングで『花鈴のマウンド』というマンガの執筆をスタートしました。より女子野球の魅力を広く伝えることが目的ですが、結果的に選手たちのモチベーションを上げることにも繋がりました。

『巨人の星』や『ドカベン』、『野球狂の詩』など昔から野球マンガは子どもたちから人気を集めています。マンガをきっかけに野球をはじめたというプロ選手も当然いることでしょう。おこがましい気持ちもありますが、少しでも『花鈴のマウンド』がそういう存在になれば嬉しいと思い、シナリオ学校へ通い、自分でシナリオを書き上げたのです。

〝女の子だって甲子園！〟

というキャッチコピーを冠し、

「ついに〝全国高等学校　女子硬式野球選手権大会〟が、決勝戦は甲子園球場で、満員の観客の前で、できるようになった」

という世界で奮闘する女の子たちの努力と友情と成長を描く物語です。

ネット上で連載をはじめたのですが、現実では実現できないことや、普通なら照れくさくて言えないようなことも、マンガのキャラクターを通してならまっすぐに伝えることができました。

私を含め、制作チームはマンガのプロではないので、拙い部分も多いマンガですが、伝えたいことは表現できていると思います。編集部にはエピソードが更新されるたびにさまざまな意見が寄せられます。賛否両論ありますが、その中に、

「花鈴のマウンドを読んで、私も野球をやってみたくなりました」

という小学生の女の子の声がありました。マンガを通じて女子野球を目標にしても

らい、〝野球少女〟が一人でも増えてくれることが今の私にとって何よりの喜びになっています。

赤字脱出の糸口

2017年、リーグ設立8年目。

年間試合数は71試合。前年より7試合増加しました。

観客動員数は8万2493人。前年より1万2300人増加で約118%成長となりました。

試合数は各チーム40試合程度、リーグ全体で70試合程度と安定した運営ができるようになりました。

この年、長年の問題となっていた女子プロ野球の財政問題を解決するかもしれない、嬉しい話を聞くことができました。

これまでも約40社の企業から年間数十万円ほどの支援をしていただいているのです

が、女子プロ野球の活躍に注目した大手企業から大規模なスポンサードの打診や、参入の相談が増えはじめたのです。

「やっと、やっと想いが届いた……」

私はこれまで頑張ってくれた運営スタッフとともに、喜びをかみしめました。

2014年に一般社団法人にしてから3年、ようやく芽吹いた種でした。

相談があったのは全国チェーンの小売店を持つ企業からです。

その企業の担当者はとても熱心で、女子プロ野球に対する私たちの想いに深く共感してくれ、具体的な計画も立ててくれました。しかし結果として本社から「どう考えても大赤字になる。プラスマイナスゼロも難しい」との判断となり、決裁はおりませんでした。

ただ、協賛は実現しませんでしたが、

「店舗単位になってしまいますが、応援、支援させてください」

と担当者は言ってくれました。

実際、店舗内での告知やイベントを行ってくれたり、大々的ではありませんが、買い物客が必ず目にとめるレジの後ろの方に女子プロ野球のポスターを貼ってくれていたりと、心を尽くして宣伝に協力してくれました。

私にとっては、大規模な支援はもちろん嬉しいですが、額が小さかったり、お金でなかったりしても、女子プロ野球を広めるために行動してくれるその姿勢がとても嬉しいことでした。その店舗は今もことあるごとに協力をしてくれていますし、よい関係を続けています。

また、ある会社の経営者は、自社でもクラブチームを持っており、私たちと同じように女子野球を本当に広めていきたいという熱い想いを抱いていました。

「自社でもやってみて、わかさ生活さん、女子プロ野球機構さんの運営をみて、本当に難しいビジネスだとわかりました。ただ、このやり方では絶対に黒字にはならない。やはり、女性×スポーツビジネス、ショービジネスという強みを活かすべきです」

と、アイドル路線的な要素を取り入れることを考えているようでした。

ビジネスとしてはそれも一つの正解かもしれませんが、女性らしさをウリにせず、まっすぐ野球の魅力を伝えるべき、という私たちが目指す方針とは違いました。

女子野球の最大の魅力は、プレーしている選手たちが本当に野球が好きなんだ、ということが観客に伝わることだと私は思っています。みんなが本気で、思いっきり、楽しそうに野球をしている彼女たちだからこそ、地域に愛され、人に愛され、地道に観客を増やしてきたのだと確信しています。

同じ経営者として、その会社の社長の想いが本気であることはわかりました。彼も決して選手たちを単純に「タレント」として扱うつもりではないこともわかりました。

「ありがとうございます。ですが、私はそういうことはできません。しかし、やり方に違いはあっても目指すべき場所は同じです。これからも協力し合えるところは是非ご一緒しましょう」

そう伝えました。

スタッフからも、選手たちからも、

「え？　断っちゃったんですか⁉」

という声がありました。この時点で女子プロ野球リーグの赤字総額は70億円を超えており、経営としてみれば下手を打った、失敗した、なんてレベルの話ではありません。いくつも会社を潰しているような金額です。

ずっと、そのようなスタンスで運営してきた女子プロ野球リーグなので、ビジネスとして見れば知らず知らずのうちに参入障壁が高くなってしまったのかもしれません。女子プロ野球の運営は、ある程度大きな規模の会社でも難しい事業になっていたのです。

ただ、私にとっては、何度も人生を、ときには本当に命をも救ってくれた野球への「恩返し」なのです。「撤退しろ」「趣味でやれ」と陰で言われながらも、心血を注がずにはいられないのです。

野球少女たちの笑顔

2018年、リーグ設立から9年目のシーズンです。

試合数は68試合、前年から3試合減りました。

観客動員数は9万6073人。これは広告に莫大な費用をかけた2シーズン目の観客数を超え、過去最高を記録しました。前年から1万3580人増え、116％成長。2013年から2018年まで、毎年1万人以上、観客が増えていました。

これは、お金の力じゃない。選手たちの、スタッフたちの、純粋な応援者が増えた結果です。

選手たちとスタッフは、確実に、力をつけていきました。

「野球がやりたいだけの女の子」から、「野球がしたい女の子たちを支える、夢を届ける存在」へと成長していました。選手数も過去最高の70人となりました。さらにこの年は、台湾人が3人、日本でプロ野球選手になりました。

特に海外向けに活動をしていたわけではないのですが、わざわざ海外から日本の女子プロ野球を見つけてくれて、海を越え、入団テストを受けに来てくれたのです。「海外の野球少女たちの夢にもなれているんだ」ということが、とても嬉しかったです。

選手発案の、サヨナラチャンスの際に金色のヘルメットを着用する「サヨナラランナー」という楽しい制度の導入や、育成チーム「レイア」が宮崎県と北海道で行われたアマチュアチームとの女子野球交流大会に参加したのもこの年のできごとです。

また、小学校に女子プロ野球学習帳を贈呈、新日本プロレスとのコラボ、独自映像配信チャンネル『女子プロ野球ライブTV』の開始など、さまざまな企画が動きました。

ほとんどの企画が事後報告で、頼もしさを感じる一方で「それってどうなの？」と思うものもありましたが、選手や観客が喜んでいる、と聞くと「それならいいか」と思っていました。

この年、私が最も嬉しかったのは「野球少女のオールスターゲーム」を開催したことでした。

２０１８年8月12日。

京セラドーム大阪に、全国から「野球少女」が集まりました。下は小学一年生の女の子から、上は中学・高校の女の子まで。

プロ選手がコーチとなり、野球少女たちが夢の競演を果たしたのです。

その景色を見た私は、雷に打たれたように動けなくなりました。

みんな、弾けんばかりの笑顔なのです。

それでいて真剣に、野球をしているのです。

「ああ、これだ」

素直にそう思いました。

私が守りたいものは、これなのだ、と。

２００７年に、はじめて女子野球に出会い、号泣する女の子たちを見てから、11年。

季節は、奇しくも同じ夏でした。

「女の子が野球をする」という人生の、キャリアのモデルが、これで一周したと感じました。

ギリギリ、プロ設立10周年には間に合いました。

最初は、私１人でした。

片桐前理事長が手伝ってくれて、２人になりました。

福知山成美高校に女子硬式野球部をつくったとき、５校しかなかった女子硬式野球部は、全国に38校まで増えました。

高野連にはじめて問い合わせたとき、

「女子の全国大会を決勝戦だけでいいので、甲子園でやらせてあげてもらえないでしょうか」

と言いました。すると、

「少なすぎるね。せめて30校はないと」

と言われました。その日から、

「女子野球部をつくりませんか？」

とたくさんの学校に声をかけ続け、断られ、また別の学校に声をかけ。

一校ずつ、一県ずつ。

３０校を超えたときに高野連を訪れると、

「全国大会するなら、各都道府県に１校はないとね」

と言われました。

言っていることが違うじゃないか、と思いましたが、めげずに続けました。

それも、あと少しです。

「私たちも野球ができる」と気づいてくれた女の子たちがたくさん増えました。

この10年間で約６００人だった女子野球競技人口は、２万人を超えたのです。

１００億円

怒涛の９年目が終わり、いよいよ翌年は２０１９年。節目の10年目です。

しかし、２０１９年を迎える前に、私の前に大きな問題が立ちはだかっていました。

累計赤字金額が、１００億円に達するのです。

ここまで、周囲からいろいろと言われながらも、その都度想いを伝えることで何とか納得してもらっていました。しかし実際は、毎年各チームに監督や選手の人件費、選手への報奨金、家賃補助、食費補助などの手当、試合の移動費、広報宣伝費、野球用具代など2億円から3億円の経費が発生しています。

９年間で収支が黒字化した年はありません。

経理の担当者からは毎年厳しい意見を貰っていましたが、年々その声が大きくなってきていました。10年目を迎えるにあたり、いよいよ後はないぞ、という様子で、

「いつかは、いつかはと言っているのですが、いつ改善するんですか？」

「毎年赤字にも関わらずどうして女子プロ野球選手は給料が年々上がっているんですか？」

「20代後半で年収７４０万円とか９８０万円とか、少なくても３５０万円ですよね？同年代平均以上の年収があるのに、なぜ食費込みの家賃補助が必要なのですか？」

「実質８ヵ月しか働いていませんよね？　選手はシーズンじゃない４ケ月は何をしているんですか？　少しでも売上に貢献しているんですか？　トレーニングでお金は貰えませんよ？」

「なんで選手への報奨金が合計１８００万円もあるのですか？」

「現場はお金が無限にでると思っていませんか？　今年はどんな経営計画を立てているんですか？」

「メディアから散々に言われることもありますが、どう対処するのですか？」

と言ってきました。

厳しい意見でしたが、そこに悪意や、女子野球そのものへのバッシングはありません。純粋に、女子野球の将来を思っての意見です。それがわかるだけに、心に刺さりました。

新規参入を検討する企業からも「わかさ生活が選手に対して保障している条件のハードルは高い」と言われることもありました。彼も同じことを考えていたのでしょう。

私としても、そろそろこの問題に結論をださなければいけないと思っていました。

２００９年、選手たちに伝えた、

「10年以内に１０００万円プレーヤーが生まれるように、私たちも頑張るから。みんなも、野球に、女子硬式野球の発展に、力を注いでほしい！」

という言葉。

祖母の教えである「何かはじめたら10年は続ける」という信念。

そして、累計赤字が１００億円。

私の中でさまざまな数字が符合するようにピタっと揃いました。

私はすぐに彦惣理事長に話をしました。

「これまで彦惣くんに全て任せていたけど、来季は区切りの10年になる。来季は、私がマネジメントをやらせてもらう」

第四章

勝負の10年目

9年目の終わりに

２０１８年末のある日、私は足早に会社へ向かっていました。

会社に到着し、会議室に直行すると、彦惣理事長や運営スタッフ、球団の責任者や女子プロ野球を支えてくれているわかさ生活の仲間たちにもその旨を伝えました。私が直接、リーグの運営に関わっていくのは２０１０年、２０１１年以来のことでした。

今まで任せきりになってしまっていた各球団の経費や収支、計画や戦略、試合のスケジュールや選手たちの年俸など、細かい数字を改めて把握しました。

私はよく「やりたい」「やるべきだ」と思ったことは二つ返事で物事を進めるクセがあるので、後からお金のことや細かい部分で経理や管理の社員から注意されることがありますが、これでも21歳のときから経営をしてきました。数字がわからない、読めないわけではありません。可能な限りの全ての数字を見終わり、いろいろと考えました。

２００７年に女子野球を知り、２００９年にプロリーグをつくり、２０１０年に開幕。

２０１０年、２０１１年は多大な投資で環境を整えたことと物珍しさから、多くの人にリーグの存在を知ってもらいました。

補助輪を外した２０１２年と２０１３年、リーグは過去最低の数字を記録しましたが、そこから２０１８年まで、毎年１万人以上観客を増やし続けてきました。

選手たちのセカンドキャリアも整えました。野球少女たちの裾野も広がりました。

もちろん、想定外のこともありましたし、完璧な計画、運営だったとは口が裂けても言えません。１００億円の赤字です。

時間とお金を多大にかけてしまいましたが、叶えたい夢に向かって、確実に進んでいる実感はありました。

私の中で、少しずつ２０１９年以降の女子プロ野球、女子野球の未来が形になっていきました。

3つの大改造と1つのアイデア

2019年1月31日、京都。

『日本女子プロ野球リーグ創設者　開幕10周年　所信表明記者会見』を開きました。

私が女子プロ野球に関することでメディアの前にでるのは、これがはじめてでした。

2009年のリーグ設立会見は片桐前理事長と太田幸司さんにお願いしましたし、それ以降は全てスタッフに任せていたからです。

しかし、勝負の10年目は私自ら表に立つと決めたのです。

そこで、大きな方針を発表しました。

1つ目は、球団の編成を大きく変えることです。

10年目は、各チームに大胆な特徴をつけることにしました。

まず、女子プロ野球設立当初から活躍してくれた5人の1期生選手を京都フローラに集め、彼女たちをコアにメンバー構成をしました。10年間、球団は違えどともに女子プロ野球を支えてきた同志たちです。「ベテラン集団」、「往年の名選手、揃い踏み」です。

それに対して、埼玉アストライアは「若手」を中心にメンバーを構成しました。フレッシュさと勢いのよさで、多くのファンを魅了してほしいと期待を込めました。

そして愛知ディオーネには年齢、キャリアを問わず「実力者」を集めました。次期日本代表と言われる選手や、守備に定評のある選手、また東海地方出身の選手でメンバーを構成しました。

「ベテランと、若手と、実力者集団」

10年目にしてはじめて、そんなドラマ的要素を入れました。

また、今まで別々だった姉妹選手を同じ球団にするなど、ファンや選手たち待望の構成もできる限り実現し、各球団にカラーをつけ対立構造をつくることでファンの楽しみ、選手たちの新たな結束を生みだそうとしました。

これまでにない意図で編成をしたのですが、パワーバランスも思ったより偏ることがなく、選手たちにとっても刺激し合え、お互いを高め合える環境になったと思い、どんな試合が展開されるのか考えるだけでワクワクしました。

2つ目は、前半、後半と分けていたシーズンを「春季」「夏季」「秋季」にわけ、関西、東海、関東とわけて試合を行うことです。

3つ目は、1日2試合ダブルヘッダー制の採用です。

1日2試合については、女子プロ野球は7イニング制なので、これまでは仕事帰りのサラリーマンなどは少し遅れるともう試合が見られない、という事態がありました。そんな「観たい」と思ってくれる人たちにできるだけ配慮したかったのが理由です。

また、これは運営としてのノウハウですが、球場の外では近隣の飲食店様にご協力いただいて「キッチンカー」でオリジナルメニューなどの販売をしています。それが7イニングの1試合だけだと、売れ残ることも多かったそうです。

1日2試合とすることで、観客の滞在時間は延びるし、休憩などで食事をしてもらえるだろう、と考えたのです。

最後に、アイデアとしてシーズンが終わった11月から2月にかけては硬式球を使わずプラスチックのボールとバットを使い室内で行う、「MIX（ミックス）ボール」

を新スポーツとして開催することを伝えました。これで選手はシーズンオフでも野球に触れることができる環境になりました。

新制度を発表した後、私は集まった報道陣に向かって言いました。

「女子プロ野球にとって覚悟の1年になります。今年が最後という気持ちでやることが大事なのです」

そして、こう続けました。

「今年集客数が倍にならなければ運営からの撤退も考えます」

会場が、少しどよめきました。

会見後、スタッフが駆け寄ってきて、不安げに声をかけてきました。

「社長、あんなこと言っちゃっていいんですか？」

「さっきのは本心だし、私なりの覚悟だよ。仮にだめだったとしても私は女の子の野球を応援することをやめるわけじゃない」

そう答えました。

その後、選手たちにも同じ話をしました。女子野球を、一番体現しているのはもちろん選手たちです。選手たちの協力なくしては何もはじまりません。私の想いを、多くの選手がわかってくれたようでした。

会見の内容はいくつかの新聞やメディアで取り上げてもらいました。

もう後には引けません。

10年目がいよいよ幕を開けるのです。

勝負の10年目

２０１９年3月23日、土曜日。春季リーグが開幕。
10年目のシーズン、開幕戦が「わかさスタジアム京都」で開催されました。
京都フローラのホームグラウンドです。
13時　京都フローラ　対　埼玉アストフイア　戦
15時半　京都フローラ　対　愛知ディオーネ　戦
１日２試合のダブルヘッダーで開幕戦がスタートしました。

全3球団が、同日試合をするのです。

今までは2球団分のファンしか来なかった球場に3球団のファンがやってくるのです。観客動員数は3661人。観客席には3球団分の応援ユニフォームが入り交じり、これまでに見たことのない、不思議な景色が広がっていました。

試合については、2試合戦うフローラと、1試合だけでいいアストライア、ディオーネ、それぞれの戦術や戦略も微妙に変化し、観ていて面白い要素が増えたと感じました。

観客の滞在時間も増え、今まで売れ残り、廃棄処分があったキッチンカーの食べ物は完売しました。春季リーグは3月23日から5月10日までの約1ヶ月半の間、33試合を京都のわかさスタジアム京都と、伏見桃山球場の2カ所で集中的に行いました。選手たちの移動の負担を軽減し、同時に移動にかかる交通費や宿泊費、球場の使用料などのコストも抑えることができました。

観客には長く楽しんでもらえる、食事やグッズの売上も上がる、選手たちも試合に集中できる、と、狙いが順調に実現できたことに、確かな手ごたえを感じました。

こうして春季リーグが順調に消化されていく中、私は来たる夏季リーグに備えて準備を進めていました。夏季リーグは6月2日から8月22日までの間、愛知ディオーネのホームグラウンド、東海地域で試合が展開されます。


そんなときでした。

私の身体に、また異変が起こったのです。


２０１９年5月10日。

その日は春季リーグ最終戦、埼玉アストライア　対　京都フローラの試合があり、毎月1度行われる「わかさ生活」の社員総会の日でもありました。

22年目を迎えたわかさ生活では、商品会議やマーケティング会議などで立て込んでいました。

スライドに映る資料を見ながら、社員の話を聞いていたときでした。

突然、文字が二重になって見えました。

「あれ？」と思い、目をこすっても一向によくなりません。

次第に、視野の右側が歪んで見えるようになりました。

ただでさえ右目が見えない私にとって、視界は左側だけです。

そんな頼りの左目の視界の半分が歪んでいるのです。

次の瞬間、

「ガツンッ」という衝撃とともに、激しい頭痛に襲われました。

激しい痛みと、額に滲む脂汗を止めることができず、会議どころではなくなりました。

私はたまらず会議室をでようとしましたが、まっすぐ歩いているつもりなのにあちこちにぶつかってしまいました。

わずか20メートル足らずの距離を歩くだけでも、グラグラと目眩が起きて、しばらく立ち止まり、目を休めないと前に歩けなくなりました。

心配してくれる社員とも、まともに対話ができません。

急いでタクシーを呼んでもらい、私はすぐ家に帰り、倒れるように眠りにつきました。

目を開けても、3メートル先も見えないのです。

来月からは夏季リーグがはじまるというのに、なぜ今なのか。

「はがゆさ」と不安を、ひたすら耐えるしかありませんでした。

その日は金曜日だったので、土日は痛みや気持ち悪さとずっと闘っていました。

そして、週明け、すぐに病院に駆け込みました。

歪む視界の中で診療を待つ数時間が、まるで永遠に続くかのように長く感じられたのを覚えています。

やっと私の番になり、診察を受けたのですが、結果は原因不明。

なんなんだ、と思いながらもその日は家に帰ることしかできませんでした。

家にいても何もできません。目を開けていられないのでスマホの文字も読めません。

1日でも、1秒でも早く、この苦しみから解放されたい。

そんな考えが私を支配していました。

翌日、大学病院へ行き、目や脳の検査をいくつも受けましたが、そこでも原因がわかりませんでした。

私の不安は日に日に大きくなりました。

ついに杖がないとまともに歩くことすらできなくなりました。

仕事のことも、野球のことも、生活すらも、まともにできません。

藁にもすがる思いでたどり着いた3つ目の大学病院で、私はついに弱音を吐いてしまいました。

「本当に辛いんです！　やらなければいけないこともある。なんとか、原因だけでもわかりませんか……」

医師は、私の必死の訴えに真剣な顔つきで言いました。

「わかりました。では精密検査のために入院しましょう」

私はすぐに入院することになりました。

2019年6月12日。

検査入院初日からさまざまな検査がはじまりました。

人生ではじめての「髄液検査」。背中を海老のように丸めて脊髄から長い針を刺し髄液を取る。想像しただけで怖いものです。くも膜下出血や脳腫瘍で入院していた子どものころのトラウマがフラッシュバックしました。検査をはじめる前に医師は「30分ほどで終わります」と言っていたのですが、脊髄に針がうまく刺さらず、何度も刺し直すこととなり、結局、6度麻酔針を身体に打ち込むこととなりました。終わってみれば、30分の予定の検査は1時間45分もかかっていました。

次に、筋電図の検査がありました。説明を聞くと、手足の筋肉に針を刺し、電気を通して、筋肉が悪いのか、神経が悪いのかを調べる検査だそうです。

ベッドに横になった私は、針を刺され、通電されました。身体の内側から電撃を食らうという、今まで味わったことのない痛みに手足が飛び跳ねました。とてつもない痛みを耐え抜いた後は、これも2時間近く経ったのか、と感じたのですが、こちらは30分程度しか経過していませんでした。

入院は当初、1週間の予定でしたが、原因がわからないうえに私自身の体調も相当悪かったらしく、さらに1週間延長されました。

入院期間中、血液検査、心電図、筋電図、髄液検査、CT検査、造影剤MRIなど、

10を越えるさまざまな検査を受けました。担当医の説明では髄液は問題なく、血液検査も免疫抗体も陰性であり癌や悪性リンパ腫もないとのことでした。

問題があったのは、造影剤ＭＲＩの結果でした。

「以前に撮った画像とくらべて脳に明らかな変化が見つかりました」

と言われ画像を見せられました。

「脳に、最近起きた出血の跡があります。脳の中心部である海綿状血管の出血なので、手術するのは大変難しい場所です。安静が必要です。些細な気圧の変化やストレスなども非常に危険です。お仕事があるのはわかりますが、気圧差のある飛行機や新幹線に乗るのもやめて治療に専念してください」

ある程度覚悟はしていたのですが、やはり現実を突きつけられると大きなショックを受けました。

18歳のときに脳の大手術をしてから気をつけていたはずなのに。

いつも人生の転機には、脳の手術の後遺症がつきまといます。

女子プロ野球の春季リーグ最終戦があった5月10日を最後に、本社には40日以上も行けていない。

会社からの報告、女子プロ野球リーグからの報告も寂しい内容が多い。

経営者として、男として、できる限り弱いところは見せずに生きてきましたが、このときばかりはタイミング、病状を含め本当に参ってしまいました。

「早く復帰したい」と強く思っているのに、もどかしさばかりが募りました。

不安は募る

2019年6月26日。

検査入院を終え、自宅療養に切り替わりました。

社員や取引先から「退院おめでとうございます」と、お祝いの言葉や花までいただきましたが、結局原因はわからず、治療はこれから、原因究明もこれからという状態です。素直に喜ぶことはできませんでした。

視界の歪みを少しでも抑えるために、退院後すぐに眼科に相談し「プリズム眼鏡」

という特殊な眼鏡をつくってもらいました。

この眼鏡をかけている間は、二重に見える範囲が減り、なんとなく文字も読めるようになります。しかし、相応の負担がかかります。最初のうちは数分も眼鏡をかけていられませんでした。それでも、これでなんとか仕事はできる、と考えた私は、

「明日、東京のオフィスに行きます。私の病気のことや、他にも大切なことを伝えたいから経営幹部は東京に集まってほしい」

と秘書に連絡しました。

翌日、まず私から経営幹部に検査結果の報告やプリズム眼鏡の話をしました。

その後、入院中に会社で起きたできごとの報告を受けました。

しかし、なぜか女子プロ野球リーグからの報告はありませんでした。

芳しい報告もなく、頭を悩ませることばかりでした。

私は、入院中に女子プロ野球リーグのエグゼクティブマネージャーの明石勇毅くんたちから報告を受けました。

観客数や売上の報告を受けた後、

「本当に情けないけど、今の身体じゃ私は陣頭指揮を執ることができない。1月にあんな会見をして、プレッシャーをかけてしまって申し訳ないけど、今季は任せます。よろしくお願いします」

と伝えました。

明石くんたちは、覚悟を決めた表情で頷いてくれました。

会社をでると、雨が降っていました。雨の中、杖をつき、ズブ濡れになりながら帰る自分が情けなくなりました。

次の日からは、基本的に自宅からタブレットのテレビ電話で会社の会議に入り、指示をする日々が続きました。医師の言うことはやはり正しく、3時間を超えると本当に目の痛みがひどくなりました。

会社に行けるときには杖をつき、タクシーを使って向かうのですが、カーブなどの揺れも辛かったため、次第に自宅からテレビ会議への参加が増えました。

結局、7月に入り2回ほど会社に行きましたが、仕事ができるのは「3時間」だと伝えていても、会議や決裁の都合で7〜8時間ほど拘束されてしまいました。それぞれの報告をする社員たちは自分の用件が済むとサッと去り、次々と別の報告が入ってきます。

痛む頭と歪む視界と、次々とやってくる頭を悩ませる報告に自分でも心が弱っていくのがわかりました。

「このままではまた倒れてしまう」

と思い、毎日少しずつですが杖を使った歩く練習もしました。

3000歩程度を、何度も休憩を挟みながら、数時間かけて歩きました。

歩いているときは身体の不調、痛みが襲ってくるので、逆に仕事のことは少しですが忘れることができました。

全く回復はしていませんがよくも悪くも身体と心が慣れてきて、会社に行く回数を徐々に増やしていきました。

原点回帰

8月に入ったころには医師からも安静は必須だが、安定はしてきているので、十分気をつければ新幹線に乗ってもいい、と言ってもらえるようになっていました。発病した5月10日から丸3ヶ月経っていました。

私は新幹線に乗り、西に向かいました。

目的地は、丹波市にある祖母の墓です。

祖母の墓参りは、私にとって毎年絶対に欠かすことができない行事です。祖母のお墓は、どんなに辛くても、忙しくても、私の人生の原点を思いだせる場所です。

墓の前に立ち、今やっていること、今の気持ちを報告しようとしましたが、うまく言葉がでませんでした。何も言えず、ただただ墓石を見つめていました。

今までもいろいろなことがありましたが、よいことも悪いことも祖母には全てを報告していました。しかし今回は、なぜか何からどう話したらいいのか、全くわかりませんでした。

気がつけば、汗が頬を伝い、あごの先から落ちていました。

「おばあちゃん、とりあえず、全部しっかりやって、また来るわ」

私はそれだけ言って、祖母の墓を後にしました。

今回の病状がでてから、１００日が過ぎていました。

身体の方は慣れもあり「辛さ」という感覚では5割程度回復したように感じていました。

夏季リーグの最終試合は翌日に迫っていました。

結局、夏季は明石くんたちに任せっぱなしで、私は何もできませんでした。

秋季リーグは２０１９年9月1日から２０１９年10月17日までの1ヶ月半なのですが、本業である「わかさ生活」の決算月が9月であり、10月には全従業員、取引先、パートナー企業を招いてのキックオフミーティングがありました。

企業として、経営者として、そちらの準備が何よりも優先されます。

ただでさえ3ヶ月近くまともに仕事ができていなかったため、この1ヶ月はとにか

く本業の数字と向き合い、人と向き合い、会社の未来のことに専念する必要がありま
す。
（おばあちゃんにいい報告ができるよう、今は前を向いて頑張ろう）
不安は尽きませんが、そう考えてまた机に向かいました。

追い打ちと決意

そんな中、また私の身体が悲鳴を上げました。

オフィス内を歩いているとき、突然右脚に激痛が走りました。膝がズキズキと疼き、爪先から膝まで痛みが駆け抜けました。

座っても、立っても、横になっても、脚が折れそうなほどの痛みが襲ってきます。

その日は痛み止めを飲んでなんとかやり過ごしましたが、翌日、とうとう耐えられなくなりました。

自宅まで残り１００メートル、といったところで膝から「グキッ」と鈍い音がしま

した。

「うわっ！」

あまりの痛さに声を上げてしまい、その場に座り込んでしまいました。痛みが全く引かず、立ち上がることができませんでした。

「大丈夫ですか⁉」

と誰かに声をかけられたのですが、

「大丈夫です……」

と言うほかありませんでした。

しかし、本当にどうにもならなかったので、次に声をかけてくれた男性に肩を抱えてもらいなんとか立ち上がりました。それでも痛みはひどくなる一方で、全く治まりません。

たった100メートルを歩くのに、かなりの時間を要しました。

その後整形外科で診察してもらうと「右膝半月板損傷」と「鵞足炎《がそくえん》」と診断されました。

「運動不足も要因の一つですね」

と言われました。

こっちだって好きで運動不足になっているわけじゃない、と言いたくなりましたが、黙って医師の話を聞いていました。

女子プロ野球にとって今が一番大切な時期なのに、どうしてこうも次から次へと不幸が続くのだろう。そう思うとただただ悔しく、もどかしく、不甲斐なくなりました。もう、嘆く言葉もでませんでした。

それでも時間は過ぎていきます。

結局、また杖をつくことになってしまった身体で会社に行く日々に戻りました。

目や脚や心はボロボロでしたが、まだ頭は働きます。

当然、女子プロ野球リーグのことも考えました。

リーグのスタッフから
「ネットやスポーツ新聞には、こんな書かれ方してますよ……」

といろいろな記事を見せられました。そこには、

《女子プロ野球選手の年収200万円の実態》
《遠征は敵チームと同じバス⁉　勝利を喜ばせないケチな環境》
《「チラシ配り」に悲しむ選手！　貰ってもらえず傷ついて帰る》
《〝勝利のダンス〟？　試合後に踊らされる女子プロ野球選手たち！》
《続けたいと涙の懇願も「戦力外通告」でクビ切り》
《存続の危機はわかさ生活に問題あり》

など、実態とは異なる誹謗中傷が書かれており、本当に悔しく、辛い思いでした。

このような記事や投稿は数年ほど前からあったようです。

女子プロ野球リーグは設立した当初から、何度も何度も選手たちや、スタッフたちと相談しながら、少しずつでもよくしようとしてきたリーグです。この10年間、みんな本気で女子野球の普及に向き合ってきました。

しかし、目の前には積み上げられた100億円の赤字。

私はその数字と向き合い、真剣に、真剣に、女子野球の未来のことを考えました。

自問自答を繰り返し、自己否定もして、経営者として心から、自分の内面や選手たちと交わした言葉、プレーしている姿を思いだし、見つめ直していきました。

どれだけの時間、考えたでしょうか。

どれだけ自分に問いかけたでしょうか。

その結果、私の中に残った言葉は結局、

「青春を野球に懸けた女の子たちに、甲子園大会で試合をさせてあげたい」

「野球を愛する女の子たちに、野球で生活できる環境をつくってあげたい」

「NPB（日本プロ野球）でプレーできる女子野球選手を育てたい」

というものでした。

スポーツ経営が下手な私が「来季も存続」なんて決断は無謀かもしれないとも思いました。

しかし、考え抜いたうえで、2020年も「リーグ存続」を決めました。

決めたことはすぐ動くのが、私の性分です。

女子プロ野球リーグの関係者、責任者を集め、みんなに伝えました。

「女子プロ野球リーグの赤字は、ついに100億円を超えました。今季は私がもっと前に立ってやる、と言っていたにも関わらず、病気で倒れてしまってごめんなさい。

結局、またみんなに頼ってしまいました」

みんな神妙な顔をしていましたが、

「来年も続けます」

と告げたとき、みんな、さまざまな表情を浮かべていました。

赤字が100億円を超えた、ということに居心地の悪さ、申し訳なさを感じていた人。純粋に、野球が続けられることを喜ぶ人。どちらがいいのかわからず、不安そうな人。

私はそれでも、心からみんなに伝えました。

「いつか、選手たちが本当に〝プロ〟として歩けるようになるまでサポートしていきたい。みんなの力が必要になる。力を貸してほしい」

「はい……!」

そう答えてくれたみんなの瞳の奥には、それぞれの思いと、それぞれの覚悟を感じることができました。

7回裏ツーアウトからの逆転

秋季リーグも終わり、来季も女子プロ野球を存続させることを決めた私たちは、はじめてわかさ生活の経営陣、経理や財務のプロフェッショナルにも加わってもらい、一緒にこれからの制度を考えました。

選手たちにもっと「プロ」としての自覚を持ってもらい、成績に応じた給料を、自分の手で勝ち取ってもらえるような仕組みにしました。

それが、本当の「プロ野球選手」だと思ったからです。

みんなが知恵をだし合った結果、とても希望の持てるシステムになりました。

2019年10月7日。

リーグの中枢を担う一部の選手を集め、来季の制度について相談しました。

これまでの契約は「わかさ生活の社員」として、年俸制で12ヶ月間働いてもらっていました。オフシーズンも「社員扱い」となるため、選手たちには野球教室や野球に関するイベントなどを手伝ってもらっていました。

ですが、来季の体制では2つの選択肢を設けようと考えました。

シーズン中である4月から11月までの8ヵ月間だけ「プロ野球選手」として契約し、12月から3月までのオフシーズンを、自由に過ごすか、わかさ生活で働くか、というものです。

前者の場合は、12月から3月までの4ヵ月間は好きなアルバイトをしても、他社で働いても、働かなくても、構わないということです。これは男子プロ野球とほぼ同じ契約体系です。

こうすることで、「野球だけがしたい」という選手はわかさ生活の仕事を手伝う必要がなくなりますし、4ヵ月の自由期間で、いろいろな挑戦ができるようになると考えたからです。

後者の場合は、今まで通りの働き方になります。

嬉しいことに、野球教室やわかさ生活の仕事を「楽しい」と思ってくれる選手もいたので、その人たちには変わらない生活をしてもらえるようにと配慮しました。

次に、給料についての相談をしました。

今まで、プロスポーツ選手にも関わらずなぜか基本給が年功序列的に上がっていました。

それでは、真のプロスポーツ選手とは言えないと思いました。

プロスポーツ選手とは自分の実力で、報酬を勝ち取るアスリートであってほしいという考えから、プロ契約期間は基本給を一律月20万円にさせてもらえないか、と伝えました。

それだけ聞くと、基本給が大幅に下がる選手もいたのですが、国の制度で極端に給料を下げることは「不利益変更」とされ禁止されているので、普通に試合にでていれば年収が下がらないような仕組みを考えました。

20万円のプロ契約を8ヵ月だと、基本給は160万円となるのですが、

《ヒットを打てば、2000円》

《二塁打、三塁打で、2万円》

《ホームランで、５万円》

という試合の成績に応じた成績給を設定しました。

しかしそれでは成績を残せない選手は成績給が貰えませんので、誰でも貰えるように

《試合にでた全員に、１万円》

《試合に勝った方のチーム全員に、１万円》

《観客が１０００人以上来場すれば、両チーム全員に１万円》

《優勝したら、球団全員に10万円》

などの基準も設けました。

各チーム、年間50試合ほど行いますので、試合にでているだけで１００万円～１５０万円が追加されるようになっています。

これにより、８ヵ月間の「プロ野球選手生活」で３００万円程度の年収を得ることができます。

さらに、チケット販売、スポンサー契約、グッズ販売などをした場合、売上の10％

を選手に還元するという仕組みもつくりました。

今まで何となく貰っていた給料を細分化してしっかりと理解することは、社会人として、プロスポーツ選手として、確実に成長に繋がります。

この仕組みであれば、トップ選手で年収1000万円、普通の選手でも、真面目に取り組めば年収500万円弱にはできると確信を持てるものでした。

今までプロ選手同士は仲間意識は高かったのですが、競争意識はどうしても弱くなってしまっていました。若い選手が増えたことで、サラリーマン的な選手が増え、いつの間にか「それが当たり前」になってしまっていた風土を変えたかったのです。そして、ここにいるのはプロスポーツ選手であることを、実力で評価されている、ということを改めて伝えたかったのです。

普段、あまり数字やビジネスとは縁のない選手たちにしっかりと理解してもらえるように、できる限りの丁寧さをもって話をしました。

「何か心配な点や、わからないこと、質問などはありますか？」

一つひとつ、みんなに確認しました。

選手たちも理解してくれたようで、質問などはほとんどありませんでした。

「それでは、この内容は明後日のキックオフのときに全選手の前でまた話します。リーダーたちは、若い選手やチームメイトが驚いたり、不安になったりしないように事前に伝えてあげてください」

最後にそう伝え、その日を終えました。

彼女たちは、プロになる前からさまざまな逆境の中でも野球を続けてきた人たちです。プロになってからも、女子野球のために尽力してきた人たちです。女子プロ野球を運営開始してから10年。状況は厳しいですが、それでも逆転の目はまだある。こうした改革を一つずつ実行していけば、黒字化・逆転も夢ではないはずだ。私はそう信じて、その場を後にしました。

選手たちの答え

2019年10月9日。

京都駅直結の「ホテルグランヴィア京都」にて、第24期キックオフを行いました。毎年、ホテルの大広間を借りて全従業員、全パート、全取引先、そして全選手に対しご挨拶や前年のお礼、今年の目標の報告などを行うイベントです。

午後には取引先、パートナー企業を招いての事業方針説明会を行い、夕方から女子プロ野球事業の関係者、選手一同を集めての方針説明会を行いました。

一昨日伝えたことを、女子プロ野球リーグの明石エグゼクティブマネージャーが改めて説明してくれました。体制変更に伴い、不安を感じる選手たちもいるだろうと予測はしていました。

そのための質疑応答の時間は設けていますし、事前に中枢の選手たちにも伝えており、彼女たちとともに選手全体の気持ちを一つにして、来季の女子プロ野球リーグをつくっていこうと思っていました。

明石エグゼクティブマネージャーの話が終わり、彼が、

「以上が来季の制度です。みなさん、1週間後までにどのように契約したいかを考え申告してください。リーグではそれを汲んで対応させていただきます。それではみな

さん、質問や疑問があると思います。聞きたいことがある人はどうぞ仰ってください」と言いました。

すると何人かの選手が手を挙げていました。手を挙げた選手のもとに、マイクが渡されます。

「チケットとかグッズの売上のパーセンテージ、低いと思うんですけど、30％にならないですか」

「全試合にでるなんて、しんどいです。それはずるくないですか」

「私の年収が下がったらどうなるんですか。補償はされるんですか」

「試合がない期間は働かないといけないんですか。練習はどうしたらいいんですか」

私は自分の耳を疑いました。

ちょっと、ちょっと待ってくれ。と、心から、思いました。

それらの質問をする選手たちは、一昨日の事前説明に参加していた選手たちもいたのです。

時間を取って、しっかりと伝えたよね。

一つひとつ、質問はないか、不安はないか、と聞いたよね。

わかってくれたんじゃなかったのか。

なぜ、自分のお金のことばかり言うのか。

女子野球の普及のため、野球を愛する女の子たちの夢のためだと、伝えて、理解をしてくれたんじゃなかったのか。

そこには、10年前「野球ができるだけで幸せです」と言っていた純朴な想いはありませんでした。目の前のお金に必死な、頭の中が自分のことだけで埋まっている、人の姿がありました。

話を聞いた後から、疑問点が増えるのは理解できます。

でも、それはこの場で、このような形で言うことだろうか。

ベテランなら若手を引っ張って「この体制で頑張ってみよう」と士気を高めてよ。みんなが一丸となって同じ目標に向かって頑張っていくべきときなのに、こうした発言によってその和は乱れてしまいました。

選手からの質問に、明石エグゼクティブマネージャーが答えていましたが、想定外の展開、言葉に驚きしどろもどろになっている姿を見て、選手たちがさらに質問を重ねました。

私は、松葉杖をつきながらゆっくりと立ち上がり、スタッフからマイクを貰い、前を向きました。

「みなさんは、この制度の意味がわからないのですか？　みなさんはプロスポーツ選手だよね？　技術を向上させる気はないのですか？　結果もださずにただ野球をしている自分を応援してほしいだけなのですか？　なんで今、お金の話ばかりしているんですか？　ほかに考えることはないのですか？　それが、みなさんの答えですか？」

会場がシンと静まり返りました。

「……もういいよ……」

驚くほど疲れてしまいました。腕にも、脚にも、力が入りませんでした。

社員に支えられながら壇を降り、私は会場を後にしました。

東京に戻る新幹線の中で、ずっとずっと同じことを考えていました。

一体、どこで間違えてしまったのか。と。

36 人の退団

キックオフミーティングから1週間、彦惣理事長やほかのメンバーによって各選手との面談が続いていました。

71人の選手一人ひとりと、もう一度しっかりと向き合ってもらいました。

2015年にプロ選手が60人を超えてからは、毎年10人から15人ほどの女の子たちが新たにプロ野球選手になり、ほぼ同数の選手に「来季構想外」と伝えています。

誰もがプロ選手として活躍できるわけではありません。実力、将来性、ポテンシャル、プロスポーツ選手としての人間力など、総合的に評価して決めています。

ただし、セカンドキャリアの支援は行っているので、来季構想外＝クビとは違います。野球を愛する気持ちを活かして指導者、広報スタッフなど、女子野球の発展に力を貸してもらいたいという希望を受けてくれた選手は「わかさ生活」に迎え入れています。

また、毎年数人は結婚やほかのクラブチームへの加入がしたい、と自主退団をしていました。

1週間後、面談の結果の報告を受けました。

「今年は、来季構想外の選手が20人です」

「そう。みんな、セカンドキャリアは大丈夫?」

「はい。指導者になる選手、わかさ生活で働きたいと言ってくれた選手など、みんなそれぞれ次の人生を決めています」

「ならよかった」

「そして、今年の自主退団は……16人です」

「……そうか」

「自主退団をした選手のうち、1人は指導者の道を進みます。2人はわかさ生活で働きたいと言ってくれています」

「ありがたいことだね……」

ほかにもプライベートな事情で退団する選手もいました。

少し間をおいて、彦惣理事長が言いました。

「1週間前のあの話で退団する、と決めた選手は、10人ほどですね」

「……あ、それくらい、だったの？」

肩から、ストン、と重いものが落ちたような心地でした。

私にとって前回の選手たちからの言葉は、もっともっと大きかったからです。

もっとたくさんの選手がやめてしまうのではないか、と思っていました。

「はい。もちろん、全ての選手が本音を伝えてくれているわけではないと思いますが、多くの選手が〝あのときは驚いて、場の雰囲気もあって、冷静に考えられていなかったけど、ちゃんと考えたら当たり前のことだ〟と」

「わかってもらえたみたいだね」

「そうみたいですね。それと〝女子プロ野球が好きなんです〟とみんな最後に言いましたね。自主退団する選手たちも、制度が云々というよりはクラブチームでチャレンジしてみたい、というキャリアチェンジの転機として考えたそうです」

悲しい気持ちもありましたが、多くの選手がしっかりと自分の気持ちと未来を考えた結果である、という事実に少しホッとしました。

　これで、女子プロ野球選手は来季の新入団選手8人と合わせて43人になりました。ちょうど、女子プロ野球選手たちが〝プロ〟としての自覚を持ち始めるきっかけになった2012年と同じくらいの数です。

　何かの縁を感じました。

　リーグ10年目、私が倒れてしまったせいでこのような結果になってしまいましたが、存続は決めています。7年前に選手たちがステップアップしてくれたように、11年目からはリーグを一層ステップアップさせるんだ、と心に誓いました。

「今まで頑張ってくれた選手たちは、しっかりと送りだしてあげたい。11月9日、11月10日はプロアマ混合の女子野球日本一決定戦、ジャパンカップがあるよね。その前に退団試合をしよう。ジャパンカップ前のドタバタするタイミングで申し訳ないけれど、よろしくお願いします。正式な発表は彼女たちの次の人生に影響がないように、順序立てて発表しましょう。彼女たちは選手として社員として年間契約とかも結んでいるので、法的な煩わしさもあるだろうからね」

同日、10月17日。女子プロ野球リーグのシリーズ最終戦が行われ、年間優勝は京都フローラとなりました。

こうして、女子プロ野球リーグは来季に向かって新たに走りだしました。

予想外の情報公開

2019年11月1日。

依然、病状は回復していないのですが慣れとは怖いもので、この身体で動くことのコツを覚えていった私はオフィスに行く回数を増やしていきました。

そんな中、明石エグゼクティブマネージャーから「選手たちのありがとうパーティーと退団試合は11月8日になりました」との報告を受けました。

「じゃあ、その日は選手たちを盛大に送りだしてあげよう。全従業員に試合に来てくれるよう伝えておいてください。一般のファンにも来てもらえるように、当日球場は無料開放にしよう。よろしくお願いします」

と伝え私は別の仕事に戻りました。

18時ごろ、仕事を終えた私は久しぶりに外食をしようと思い、何度か行ったことのあるもんじゃ焼きの店に入りました。お気に入りのカレーもんじゃを注文し、鉄板の上に土手をつくり出汁を流し込みました。

できあがりを待つ間、いつもの習慣で野球関連のニュースを見ていると、私の目にとんでもない情報が飛び込んできました。

Yahoo! ニュース
《女子プロ野球が36選手の退団発表、所属の半数以上　加藤優や里綾実らも…》
11／1（金）17：47配信

何事か、と思いました。

退団選手たちの意思を確認したのが10月17日、諸々の手続きや気持ちの最終確認を終えたのが10月24日、退団試合の日程が決まったのが、今日のお昼ごろ。

なぜこの情報が、ネットニュースになっているのか。

私は店を飛びだし最高執行責任者の林健太郎くんに電話をしました。

「はい、林です。社長どうなさいましたか」

「すぐにネットニュースで女子プロ野球を調べて。公表はまだのはずなんだけど、退団選手のことがもうニュースになっている。状況を調べてくれる？」

「……見ました。すぐ確認します！」

一度電話が切れました。私はソワソワして店の入り口の前を行ったり来たりしていました。

数分後、林くんから電話がありました。

「社長、確認が取れました！　女子プロ野球リーグの公式ホームページに《退団選手発表・指導者退任について》というリリースがあります」

「そんなこと、してとも言っていないし、やるとも聞いていない……」

「ホームページ担当にすぐ連絡します！」

また電話が切れました。

「何やってるんだ……」

思わず口から漏れてしまいました。次の林くんからの連絡はすぐにありました。

「担当者、今日はもう帰ってしまったそうです。ちなみに、公式ホームページには《退団試合開催のお知らせ》というリリースもありました」

絶句しました。

前提が、ちゃんと伝わっていなかったんだな、と思いました。

「あぁ……そう……ありがとう林くん。もし何かわかったらすぐに教えてほしい……」

電話を切り、もう一度ネット上でニュースを調べました。

すでにいくつかのメディアが、同じ内容のニュースを広めていました。

すごい時代だな、と改めて思いました。

店に入り席に戻ると、鉄板の上でもんじゃ焼きが真っ黒に焦げていました。

ブスブスと、黒い焦げが煙を吐いていました。

混乱の原因

２０１９年11月５日。

もやもやしたまま連休を過ごし、休み明けにオフィスに行くと、早速松浪くんが連絡をくれました。

「社長、林さんから聞きました。退団ニュース配信の件、私も調べていますので」

彼は本当に優秀な人で、即行動をしてくれます。

私は少し安心して、その後の会議に移ることができました。

午前中は人事に関わる組織会議、午後はコンテンツ制作に関しての打ち合わせでした。

そんなとき、例の書類が、私の手元に届いたのです。

文藝春秋
株式会社わかさ生活　代表取締役　角谷建耀知　様
《質問状》

２０１９年11月7日。

『週刊文春２０１９年11月14日号』が発売されました。

《36人退団　あだ名は〝首領さま〟スポンサー社長が支配女子プロ野球選手を悩ませた「女子高生制服撮影会」》

文春の記事内容が私の目に入ったのは、８時30分ごろのことでした。翌日の退団選手たちの「ありがとうパーティー」と退団試合に出席するため、東京から新幹線に乗っていました。

週刊誌の記事の特性、というものは、素人なりに知っていたつもりでしたが、いざ直接自分に関わることとなると、いかに認識が浅かったかを思い知りました。当事者にならなければ理解できないことで、この衝撃は、思いのほか心を重くしました。誰かがこのようなことを言っているかもしれない、という事実に悲しみを覚えました。

同時に、記事にあるような、いい加減な想いでやっていたら、１００億円もだすものか、とも思いました。それならアイドルグループに１００億円投資して野球をさせた方がきっと何倍も注目されるでしょう。

京都に向かう新幹線の狭いシートに座りながら、私は行き場のない怒りと悲しさを抑えることに必死でした。

その日、女子プロ野球リーグの彦惣理事長と前理事長の片桐さんが私のもとを訪れました。

彦惣理事長は強張った顔で私に言いました。

「社長、本当に申し訳ございません。11月１日に退団選手の発表を許可したのは私です。その後にジャパンカップが控えていたため、退団を発表しないまま大会がはじまり、事前登録選手と当日の選手が違っていたらいけない、対策をしているほかのチームの人々にも不義理になる、と思い許可してしまいました……まさかこんなことになるなんて……『美女9総選挙』も『制服写真撮影会』も、現場の声を聞いて私が許可をだしました……」

続いて片桐さんも、

「『GPB45』は僕の発案でやったリーグ名ですし、報道陣や記者の方へのバレンタインチョコプレゼントは当時の選手たちと僕が考え、はじめたものでした。何年もやるうちによくも悪くも決まりごとのようになっていき、若い選手たちは嫌がっていたのかもしれません。角谷社長、本当に申し訳ございません！」

と謝ってくれました。少しホッとしました。

「いや、いいんだ。君たちが本当にリーグの発展を考えてくれて、いろいろな挑戦をしていることは知っているし、見てきた。包み隠さず言ってくれて、ありがとう」

頭を下げる2人を宥めながら、心のどこかで犯人探しをしていた自分を反省しました。こんな2人を一瞬でも疑ってしまった自分が情けなくなりました。

時間は戻りません。

最善を尽くすしかない、できることからはじめるしかない、と思いました。

ありがとうパーティー

２０１９年11月８日。

京都四条にある「からすま京都ホテル」で引退・退団選手たちを集めた「ありがとうパーティー」を開きました。

退団選手36人、退団指導者５人とわかさ生活のスタッフのパーティーです。

私も参加したのですが、実はパーティーが始まる前は、少しの緊張と、怖さを感じていました。

あのような見出しの記事が世にでた後で、選手たちは私のことをどう見るのか。

選手たちの中に、あのようなことを考えている、言っている人がいるのではないか。

退団パーティーという選手たちにとっても特別な場なのに、今回のようなゴシップがあることで、選手たちに気を遣わせて、本音を隠したパーティーになってしまうのではないか。

考えないようにしようとしても、そんな気持ちが次々に浮かんできます。

そんな中、パーティーははじまりました。

スタッフによる開会の挨拶の後、私は選手たちに今の想いや今後の展望をそれぞれ5分ほどで話してもらえないかとお願いしていました。

私にとって、これが一番怖かったことです。お願いしたときは、当然こんな報道があるとは思ってもいなかったので、素直に彼女たちの気持ちが聞けると思っていたのですが、たった数日で、状況は大きく変わっています。

1人目の選手が、話しはじめました。

まるで断罪されるのを待つ罪人のような気持ちになりました。

でも、全部しっかりと聞こう、と思いました。

ですが、選手が口にしたのは、私が思っていた言葉とは全然違いました。

彼女たちは口々に、女子プロ野球や環境に対しての、感謝の言葉を述べたのです。

話しながら涙を流す選手、5分の持ち時間を大幅に超えて、20分近く話す選手、多くの選手たちの感情が伝わってきました。

その一言一言を、じっと聞いていました。

私は、経営者として、今まで1000人近い社員と顔を突き合わせて話をしてきましたし、300万人以上のお客様とも言葉と気持ちを交わしてきました。商談や研究開発などでさまざまな人の虚実入り交じった話を受け、その嘘ホント、本音と建前をたくさん聞いてきました。

そんな私からしても選手たちの言葉は、心からの言葉であると感じました。

胸が熱くなりました。

そして、つい前日、犯人探しをしていた自分を反省したばかりなのに、また私は同じようなことを考えていたことに気づきました。本当に情けなく、恥ずかしさがこみあげてきました。

一通り、挨拶などが終わり、歓談がはじまると、選手が次々と私のもとに来てくれました。

「社長ー！　お久しぶりです！」

「倒れたって聞いたんですけど、大丈夫ですか？」

「6年間、本当にありがとうございました！」

私の心配や不安、反省を吹き飛ばすような明るさで選手たちが声をかけてくれました。週刊誌のことに関しても、

「なんだかすみません、私たちのせいでご迷惑をかけているみたいで……」

と言ってくれる選手がいました。

「いや、こちらこそ申し訳ない。ところで、『美女9総選挙』とか『制服写真撮影会』とかさせられていたみたいだけど、嫌な思いをしなかった？」

「そりゃ人によって明らかにマスコミの対応が違ったりしましたからね！　そういう意味ではあったでしょうね〜。私は最初からやってないからわかりませんけど。でも、そもそも、ああいうのやろうって言いだしたの選手側ですからね。『久しぶりに制服着てみたーい』とか『まだ似合うかな〜』とか楽しんでましたし。男子プロ野球でもイケメン選挙とか良いスーツを着て雑誌にでる、とかあるじゃないですか。あんな感

じですよね」

彼女はあっけらかんと答えてくれました。

その話を聞いていた数人の選手も周りに集まってくれて、

「今回の記事とか、これまでのマスコミのやつ、私たちが変なことを言っちゃったせいでいろいろでてたの、知ってました。本当にごめんなさい」

「なんか〝一番辛かったこと、辛いことはありますか？〟とか〝強いて言えば変えてほしいところはありますか？〟とか聞かれて、絞りだして答えた内容がドーンと取り上げられたりするんですよね、ああいうの。私、馬鹿らしくて腹が立ちましたもん」

と次々に話をしてくれました。

彼女たちの明るさに気持ちを軽くしてもらった私は、ふと聞いてしまいました。

「選手のあいだで私のこと、〝首領様〟とかって呼ばれてたって本当……？」

「私たちも記事を見てはじめて知りましたよ！　不謹慎だとは思いますが、ちょっと笑っちゃいました。でも、絶対に誰もそんなこと言っていませんよ！」

彼女たちは根本的にはまだ20代、30代の、社会人としてはまだまだ若い女性です。

そんな彼女たちに、完璧なマスコミ対応などできるはずもありません。いいように使われてしまったのです。

「いや、いいんだ。みんなありがとう。そう言ってもらえるだけで本当に嬉しい。でも、今回の退団に関すること、すまないとも思っている。〝プロ〟ってものは選ばれた人たちのものであってほしい、みたいなところで、新人が入ってくると比較してしまったり、球団の数が増やせないから、選手の登録数に上限があったりしてね。お金の仕組みもわかりづらかったよね」

「いえいえ、それは言われたときはすっごいショックで、泣いたりしちゃいましたけど、冷静に考えたら当然ですよ。私たちはプロですからね。学生の部活じゃないんですから。お金の仕組みも、中には『給料下がるの!?』みたいな反応してる子もいましたけど、私は『給料がほしいだけなら最初からほかの仕事しろよ』って思いましたしね。こんなに赤字なのに、成果が上がらない野球をしてるだけでお金が貰えるってことに、本当に感謝しているんです。むしろ、後で計算したときに、普通に前より貰えることがわかりましたし」

「実は私、もともと今年で引退しようと思っていたんですよ。10年って、人生の区切りとしても相応しいと思っていまして。ほかにも何人かそうですよ」

「あの子は『彼氏がやめてほしいって言ってきてて』とか言ってましたし、あの子はクラブチームからいい条件で引き抜きの声がかかってたりとか」

「なんか、女子プロ野球リーグの中での、自分たちの役割は終わった、って感じていたんです。次の世代が引き継いでくれ、みたいな？」

ちゃんと、わかってもらえているんだ、ということがよくわかりました。

自分の半分ほどの年齢の選手たちに、私は本当に心を救われました。

「みなさーん！　集まってくださーい！　集合写真を撮りますよー！」

話し込んでいる間に、パーティーも終わりの時間が近づいていました。

《夢と感動をありがとう》

と書かれた横断幕の前に選手たちが集まっていきます。

横断幕は社員が心を込めて手づくりしたものです。

「社長！　真ん中に来てくださいよ！」

みんなが私に声をかけてくれます。

よろよろ杖をついて歩く私を、選手たちが支えてくれました。

「それでは撮りますよー！　はい、ブルーベリー・アイ！」

ありがとうパーティーの後、退団試合が行われました。

今季いっぱいで退団する選手たちを「89'ers《エイティナイナーズ》」、「39'ers《サーティーナイナーズ》」の2チームにわけて行われた紅白戦です。チーム名は選手たちが考えてくれました。「サンキュー、野球」という意味を込めたそうです。平日金曜日の15時ごろからの試合にも関わらず、開場前には200人以上のファンが球場前に行列をなし、退団する選手たちの最後の雄姿を見に来てくれていました。

結果は、「89'ers《エイティナイナーズ》」が5—0で勝利。

試合後は退団する全選手がグラウンド内でファンとハイタッチを行い、感謝を伝えていました。

この日のことは、本当に私の心の支えとなりました。

集合写真は、本当に素敵で。

女子野球を応援し続けてきてよかった。

これからも、応援していこう、と強く思いました。


その夜、選手たちから私のスマホにたくさんのメッセージが届きました。

びっくりするくらい、長文、長文、長文の嵐でした。

メッセージをくれた選手たちのことはもちろん、私はプロになってくれた全ての選手たちのことを覚えています。受信欄の選手の名前を見ただけで、その選手を選んだ理由、どのような活躍をしたか、何を感じたかなど、鮮明に覚えています。

そんなことを思いだしながら、メッセージを読んでいるうちに、胸が熱くなり、私の返信も、つい長文になってしまいました。貰った長文と同じか、それ以上に。

エピローグ

週刊文春の記事が世にでてから、いろいろなことが起こっています。

ＳＮＳ上で記事が一人歩きをしたり、選手たちに失礼なインタビュー依頼が来たり、女子プロ野球リーグやわかさ生活にクレームの電話が入ったり、とさまざまです。

今でも傷つくことはあります。

『わかさ生活』の社員も、対応に困っていたりします。

女子プロ野球リーグのスタッフが申し訳なさそうにしていることもあります。

私も申し訳ない気持ちになることもありますが、吹っ切れた、という気持ちも感じています。


２０１９年１月、「日本女子プロ野球リーグ創設者　開幕10周年　所信表明記者会見」を行いました。

女子プロ野球のことでマスコミなど人前にでたのは、はじめてのことでした。

そして、新たな構想を発表。

その時点では少なくとも収益プラスマイナスゼロを達成することができると信じていました。

しかし、結局2019年は開幕の1試合しか観戦に行けず、5月からはじまった病と闘う日々は今も続いています。

自信を失ったときもありましたが、考え抜いた末、来季もリーグを継続することを決めました。

トップが倒れることで不安を感じた選手やスタッフもいたと思います。

それが「36人の退団」に繋がった部分もあるかもしれません。

今の若者の優しさなのか。冷たさなのか。私にはわかりません。

しかし、私はこの10年で女子でも硬式野球ができることを証明できたと思います。

近い将来「女子プロ野球リーグ」がなくなり、クラブチームや企業チームだけで女子硬式野球のリーグ戦が行われる時代も来るかもしれません。

どちらがいいのか、正直わかりません。

しかし、どうなったとしても、私は女子野球の普及や発展を願っています。

今は、今回のようなことがあっても「女子プロ野球リーグ」を続けると決めた私の想いを、少しでも理解し残ってくれた選手やスタッフとともに、この道を歩み、進んでいきたいと思います。

私にできることを、ひたむきにやっていこうと思います。

「女子野球」という世界に蒔いた種が、いつか美しい実を結ぶと信じて。

角谷建耀知

本書で描ききれなかった
10年間の軌跡をWebで公開中

著者プロフィール

角谷　建耀知（かくたに　けんいち）

一般社団法人　日本女子プロ野球機構　名誉理事
株式会社わかさ生活　代表取締役社長

1961年、兵庫県丹波市出身。幼少時の事故が原因で18歳で脳腫瘍の大手術を受け、一命はとりとめたものの視野を失う。その後、「自分のように目で困っている人を助けたい」という想いから1998年に株式会社 わかさ生活を創業。主力商品のブルーベリーアイは全国330万家族に愛飲されている。盲導犬育成支援、児童養護施設支援、震災被災地支援など、さまざまな社会貢献を行う。2007年、女子硬式野球との出会いから、彼女たちの夢を応援することを決意。2009年、女子プロ野球リーグを設立。2019年、11年目の存続を発表。女子硬式野球の普及のため積極的に活動。2006年、紺綬褒章受章、2013年、東久邇宮文化褒賞受賞。

女子《じょし》プロ野球《やきゅう》クライシス　創設者《そうせつしゃ》、10年目《ねんめ》の告白《こくはく》

2020年2月3日　初版第1刷

著　者――――――角谷建耀知《かくたにけんいち》
発行者――――――坂本桂一
発行所――――――現代書林
〒162-0053　東京都新宿区原町３丁目61番地　桂ビル
TEL／代表 03-3205-8384
振替 00140-7-42905
http://www.gendaishorin.co.jp/
本文デザイン―――一企画
カバーデザイン――佐々木博則（s. s. TREE design office）

印刷・製本：広研印刷（株）
乱丁・落丁本はお取り替えいたします。
定価はカバーに表示してあります。

ISBN978-4-7745-1845-9 C0095